博士德**精细化管理**系列丛书

高效率 低成本 零缺陷 持续改善

NETWORK MARKETING OF LEAN MANAGEMENT

# 精细化
## 网络营销及实战技巧

浪兄 著

北京理工大学出版社
BEIJING INSTITUTE OF TECHNOLOGY PRESS

**图书在版编目（CIP）数据**

精细化网络营销及实战技巧 / 浪兄著. —北京：北京理工大学出版社，
2012.6

ISBN 978-7-5640-5976-7

Ⅰ.①精… Ⅱ.①浪… Ⅲ.①网络营销 Ⅳ.①F713.36

中国版本图书馆CIP数据核字（2012）第105407号

---

出版发行 / 北京理工大学出版社

社　　址 / 北京市海淀区中关村南大街5号

邮　　编 / 100081

电　　话 / （010）68914775（办公室）68944990（批销中心）68911084（读者服务部）

网　　址 / http：//www.bitpress.com.cn

经　　销 / 全国各地新华书店

排　　版 / 博士德

印　　刷 / 三河市华晨印务有限公司

开　　本 / 710毫米×1000毫米　1/16

印　　张 / 16.5

字　　数 / 280千字

版　　次 / 2012年6月第1版　　　　2012年6月第1次印刷　　责任校对 / 周瑞红

定　　价 / 32.00元　　　　　　　　　　　　　　　　　　　责任印制 / 边心超

# 再也不能继续"马大哈"下去

说中国文化是"马大哈文化"，似乎说不过去，但要说中国人在很大程度上习惯于马大哈，则不算过分。中国人的"马大哈"习惯从一些词语和俗语上可见一斑，比如，"差不多"、"就这样"、"拉倒"、"大概其"、"点到为止"、"只可意会，不可言传"。"马大哈"这个词，我的理解就是马马虎虎、大大咧咧和嘻嘻哈哈的组合。

"马大哈"一词到底产生于何年何月，或不可考，我确也没考证，但至少不会与中华文明同寿。中国古代文化还是颇为严谨的，很多经典中不少提法是非常负责的。比如，我所知的中国最早的教材《尚书》在其《大禹谟》篇中就提出："人心惟危，道心惟微，唯精唯一，允执厥中。"认为人心高深莫测，管理思想就得精微，必须精细和专注，执行要尺度适中。这已经是精细化管理思想的雏形了。就这段话曾国藩在《与弟书》中有深刻的解读："穷通由天做主，予夺由人做主，业之精不精则由我做主，然吾未见业果精而终不得食者也。"再看《论语·宪问》："为命，裨谌草创之，世叔讨论之，行人子羽修饰之，东里子产润色之。"说的是文件的形成要严肃认真，裨谌起草文件，世叔组织讨论，再让子羽作修订，然后才由子产进行文字润色。这很像一份现代企业管理的流程。我也曾在一处旧时的县衙门上看到这样一副对联："为士为农有暇各勤尔业，或工或商无事休进此门。"这不就是典型的岗位管理语言吗？

那个时候，人们做事，也往往是很讲究细节的，是非常较真的。曾经读到一首诗，是明朝初期的翰林院老书生钱宰散朝回家吟诵的："四鼓咚咚起着衣，午门朝见尚嫌迟。何时得遂田园乐，睡到人间饭熟时。"谁知，儒生钱宰诵诗的事被皇帝朱元璋知道了，次日上朝时，皇帝主动提及此诗，说你昨天做的诗好啊，不过，我并没有"嫌"你上朝迟到呀，何不改为"忧"呢？你自己对工作负责，总是担心晚到嘛。钱宰吓得一个劲儿地磕头。那个时候正大兴"文字狱"，而且锦衣卫、东西厂特务神出鬼没，一不谨慎，丢了脑袋还不知祸从何来啊。

《韩非子·二柄第七》讲了另一个关于制度执行的故事，说韩昭侯醉了倒头便睡，手下人担心他着凉，就给他披了件衣服。韩昭侯酒醒了看到身上的衣服很高兴，问左右："谁给我加的衣服？"手下回答："管您戴帽的官。"结果管戴帽和管穿衣的两个官都受处分了，理由是管穿衣的失职，管戴帽的越权。韩昭侯还声称，宁愿受冻，也不能培养官员不行职责和超越职责的行为。此事的真实性我一直怀疑，但管理的理念很多现代人也赶不上。

令人遗憾的是，中国历史上的读书人和官员总体来说是不太愿意去研究管理学的。我曾写过《中国古代没有管理学》，承认有管理实践，却并无系统研究，即使涉及与管理紧密相关的内容，也仅局限于人力资源。正如梁漱溟在《中国文化要义》中所言："中国人的心思聪明恰没有用在生产上。数千年知识学问之累积，皆在人事一方面，而缺乏自然之研究。延产营利，尤为读书人所不道。"

近百年形势就更不乐观，不仅不研究做事，反而更加不讲究事物本身的科学性，效果之糟糕自然可想而知。记得1958年夏天，河北省一个普通县徐水县竟办起了一个拥有12个系的综合大学，县下每个公社都有一个"红专大学"。北京大学中文系一群学生加上几个青年教师，仅花35天就写出一部78万字的《中国文学史》。清华大学几个月内就编出了95部各种教材与专著，其中《水工概论》、《农田水利工程》、《水利工程测量》、《工程水文学》、《水工量测及模型试验》是10天工夫写出来的。（见张鸣著《历史的坏脾气》）

这两年，在四川灾后重建的问题上，"三年灾后重建，争取两年实现"本是高层领导急切心情下的期望，最终却成了基层的军令状。这和上面快速编书的荒唐，无非"五十步笑百步"。

正因为这样，我每次在饭店吃早点，看到点心牌上，最差的点心是"一级点心"，稍好一点的是"特级点心"，更好一点的是"超级点心"，最高档次的则名之为"顶级点心"，就觉得不得劲。联想到过去的一、二、三等奖分别升格为"一等奖"、"特等奖"和"最高奖"，教人怎能不为世风日下而忧心？

奇怪的是，我们在官场看到很多事情却是完全符合精细化的，比如，领导的接待，桌上的茶杯要拉线摆齐不说，连到哪个路口接车，席位牌怎么摆，谁站在哪个台阶上去握手，那是精细得不得了啊！所以，中国人看到奥巴马一帮人在会议室观看击毙拉登的录像时的"站没站相，坐没坐相"就五味杂陈了。据说湖南一位姜姓副市长发明了一套极为精细的签名规则：如果字是横着签的可以搁着不办，竖着签的要"一办到底"，在

"同意"后面是一个实心句号必须"全心全意"办成,点的是一个空心句号百分之百是"签了字也是空的"。只能用一句话概括:机关算尽。

本该较真的却并不当回事。比如,香港财政司的财政预算一旦制定立即挂到网上,预算支出情况常常多达数百页,细致记载各部门收支,连一张公务用纸、一张办公桌、一把办公椅都要做到有案可据,还会公布办公电话,随时接听民众的质询。但我们却找各种理由不公布,不得已公布了也语焉不详,"类"、"款"、"项"、"目"四个级别的预算科目,多数仍停留在"类"上。一些严重超出预算的部门要将"三公消费"的真实数额在"其他行政经费支出"或"公共服务项目支出"中"暗度陈仓"其实极为容易,外界也无法通过会计手段进行核实查证。

所以,在中国,绝大多数事情不存在能不能,主要是愿不愿。然而,愿不愿不是我等讨论的范畴,只是说说能不能,只涉及方法论。举三个小的例子在后,希望给有意愿者一些启发,因为中国实在不能再"马大哈"下去了。

日本人都熟悉一种沟通细则,叫HORENSO。HORENSO是三个词的合写,一是报告(Hohkoku),下级完成了的事即时反馈给直接上司,不用等上司来催问;二是联络(Renraku),平级间也需要通气,免得互不知情,妨碍配合;三是相谈(Sohclan),不仅要主动沟通,关联部门或岗位还需达成共识。这一点体现了日本人一贯的工作作风:"把屁大的事当天大的事做。"

德国的高速公路基本不收费,也不限速,有需要维修的地方即使限速也会一再给出指示牌:"限速多远?6公里。""到一半了吗?还有4公里。""马上结束了?还有3公里。""究竟还有多远?1公里。""谢谢您的理解，祝您一路平安！"这才是"为人民服务"啊。

中国近几年全民谈论食品安全。我们在欧洲看到鸡蛋是有"身份证号"的，如：1—DE—4315402，第一个数字"0"表示是绿色鸡蛋，"1"表示是露天饲养场放养的母鸡下的蛋，"2"表示是圈养的母鸡下的蛋，"3"则说明这是在笼子里饲养的生长环境最差的母鸡下的蛋；两个英文字母是鸡蛋出产国的标志，DE代表德国；第三部分数字是产蛋母鸡所在的养鸡场、鸡舍或鸡笼的编号。认真到这个程度，还需要在《新闻联播》里反复提醒消费者"谨防上当"吗？

其实网络营销一样可以精细化。我一直坚信，精细化是一条"放之四海而皆准"的真理。各行各业，若想做出点名堂，精细化是必经之路。浪兄作为中国网络营销第一人，若非精益求精，坚持在精细方面脚踏实地，我想他是难以取得如此傲人成绩的。精益求精，细致入微，这是我的经验总结，也定是浪兄的多年心得。从这个层面上来说，网络营销与精细化完全可以精确对接，以精细化大力推动网络营销的发展，以网络营销进一步佐证精细化的独特魅力，这是我和浪兄共同的心愿。

浪兄，欢迎您进入精细化的殿堂。

2011年12月20日

## 第四章　精心策划——网络整合营销

## 第五章　精察前景——网络营销前景展望

## 第六章　精细管理——网络营销在行动

## 后记

# 第一章

## 精确判断——网络营销的过去和现在

30年前，没几个人知道网络怎么回事；

20年前，很多人还在纳闷何谓"上网"；

10年前，大部分人不相信网络能赚钱；

这一刻，没有人怀疑网络也可以营销。

了解网络发展的前世今生，掌握网络营销的发展脉络和基础知识，你会惊叹互联网发展速度之猛，营销知识更新之快，你会真正明白，网络不仅只有新闻、游戏和论坛，还有一种叫"营销"的东西。如果你还在为网络如何赚钱而茫然不解，那么你真的是落伍了。现在，网络营销的理念已经渐入人心，正在每一个人的脑海中掀起波澜，它正不断让每一个人意识到，利用网络不仅可以赚钱，而且可以做宣传，搞炒作，从而收获包括经济利益在内的任何利益。

# 我国网民现状分析

## 网民总量变化情况

根据中国互联网信息中心（CNNIC）在2011年1月发布的《中国互联网络发展状况统计报告》中的数据，截至2010年12月，我国网民总数已达到4.57亿，我国互联网普及率已上升至34.3%，明显超过世界平均水平。我国网民占全世界网民总数的23.2%，占亚洲网民总数的55.4%。我国IPv4地址数量达到2.78亿，名列世界前茅。域名总数为866万，其中.CN域名435万。有94.8%的中小企业配备了电脑，无电脑的中小企业仅占5.2%。我国92.7%的中小企业接入互联网。中国使用宽带上网的网民达到4.5亿人，年增长30%，有线（固网）用户中的宽带普及率达到98.3%。使用手机上网的网民达到5000万以上，占整体网民的10%左右。中国网民上网方式已从最初的以拨号上网为主，发展到以宽带和手机上网为主。中国互联网发展与普及水平早已位居发展中国家前列。

## 近几年网民年龄比例变化情况

我国网民年龄结构对了解我国网民特点和网络应用状态的整体有很大帮助。不同年龄的人群会表现出不同的特点，这里主要强调的是，同一群体中人们所共有的某些特点。这样的群体特性可能来自于他们出生和成长的时代背景，也可能来自于他们所接受的教育，当然也会与他们经历的社会或国际的巨大变动有关。但不管怎样，同一年龄群体的人会表现出在某些部分相同的特点。最典型的就是大家口中的"80后"、"90后"这样的群体代表词。

鉴于青少年上网人数的快速增加，简单的"18岁以下"的年龄群组已经不能很好地展示青少年这一群体在所有网民中的重要地位，对成年人群组的年龄跨度也做了新的调整。经过短短两年的发展，青少年网民（10~19岁）已经成为我国网民中所占比例最大的网民群体，位列其后的是20~29岁群体和30~39岁群体。学生网民已经成为我国网民的主要力量，而其对网络的利用主要集中于网络娱乐（网络游戏、网络音乐和网络视频）、网络交友（SNS网站和IM通讯）、信息收集（搜索引擎和网络新闻）、网络购物等方面。同时，10岁以下网民群体的出现也让我们眼前一亮，儿童的上网行为预示着儿童网络市场的逐渐开放和成熟。总的来说，青少年和青年的网民群体占有较大的比重表明网络依然是年轻人的世界，中年人更多的是应用网络进行工作上和业务上的往来，而老年人使用网络则是浅尝辄止的尝试、试探行为，网络依然没有完全进入老年人的日常生活。

2011年至今，网络的娱乐性和商业性都有了明显的提高，基本深入到大家的工作、商务和休闲娱乐中，网络再不是专业人士和精英阶层的专享品了。

## 近几年网民学历比例变化（见表1-1）

表1-1 今年我国网民学历结构变化

| 年份 | 小学及以下 | 初中 | 高中/中专 | 大专 | 大学本科 | 硕士及以上 |
|------|-----------|------|-----------|------|----------|-----------|
| 2006年 | 17.1% | | 31.1% | 23.3% | 25.8% | 2.7% |
| 2008年 | 5.40%↑ | 28.00%↑ | 39.50%↑ | 13.90%↓ | 12.20%↓ | 1.00%↓ |
| 2010年 | 8.40%↑ | 32.80%↑ | 35.60%↓ | 11.80%↓ | 11.40%↓ | |

不同学历的群体内部存在价值观、消费理念、生活态度、生活地域类型等多方面的相同或相似现象。按学历划归群体不仅可以深入调查分析不同

学历人群在网络使用中的各自特点，还可以通过相应措施和手段将学历应用于市场细分，对网民进行进一步分类和划归。这在基于网络背景的商业运作中，具有相当重大的操作意义。

综观我国近几年网民学历结构变化，高中/中专群体占网民总量比例虽有所波动，但一直是主要的网民力量，占网民总数的30%以上。而初中、大专和大学本科这三个群体则出现了较大的变动，直接导致了我国近几年网民学历呈现出较大幅度的下降。从2008年起，小学和初中学历的网民群体迅速扩张，尤其是小学学历的网民，其在网民总量中的比例增长速度极快，2008年至2010年实现了55%的环比增长率。而大专、大学本科及以上网民群体都呈现出一定的收缩，尤其是大学本科及以上学历人群。分析其中的原因主要是，较低学历的网民中更多的是年纪较大的中老年群体、三四级城市中教育偏低的人群和农村网民群体。这从侧面说明了我国网络普及的效果，同时，说明网络先于传统常用手段或者网络更优于传统常用手段，触及并吸引了这几类人群，促进了这几类人群在经济、政治、文化等方面的进一步开放。网络在我国的进一步普及，为新文化、新思想和新行为在我国的推广提供了高效的传播渠道。大家想想，早在2006年，即便在经济文化并不发达的四川西部山区的少数民族自治县的一个小山村里，在没有任何特殊安排或帮助下，我都可以和几个网友及数家媒体一起在那做文字、图片、视频直播，这是一种怎样翻天覆地的变化啊？而且这种变化还在加速普及和深化当中……

## 近几年网民上网用途变化（见表1-2）

2010年，我国网民的互联网应用表现出商务化程度迅速提高、娱乐化倾向继续保持、沟通和信息工具价值加深的特点。

2009年，搜索引擎进入新一轮的快速发展时期。而到了2010年上半年，搜索引擎用户规模和渗透率持续增长，用户使用搜索引擎的频率增加，生活中各种信息的获取更多地诉求于互联网和搜索引擎，这为我们从事网络营销工作带来了极大的便利。从网络娱乐、交流沟通、信息获取和商务交易四类网络应用的变化来看，商务类应用发展仍然最为突出。交流沟通类应用的使用率有增有减。社交网站、即时通信使用率增长较快，半年用户规模分别增长19.6%和11.7%。电子邮件和博客应用的用户绝对规模虽然在增加，但使用率却略微下降。网络娱乐应用继续发展，其中网络音乐使用率仍居所有应用首位。网络视频结束近1年来的下降，使用率首次上升，达到63.2%。网络文学和网络游戏用户规模增长较快，半年增幅分别为15.7%和11.9%。

随着网民上网时间越来越长，互联网的黏性越来越强，网络已经成为人们获取新闻资讯的主要媒介之一。当前，我国网民的年龄结构逐渐成熟和优化，网民中的主体人群已经成为社会政治、经济、文化的生产和消费主体。在这种情况下，互联网在社会舆论、经济发展、文化创作中的作用逐渐凸显，网络媒体的价值正在经历由量的增长到质的提升的过程。

表1-2　我国网民的互联网应用行为

| 年份<br>应用行为 | 2006年 | 2008年 | 2010年 |
|---|---|---|---|
| 搜索引擎 | 51.50%（3） | 68.00%（4） | 81.90%（1） |
| 浏览新闻 | 53.50%（2） | 78.50%（2） | 77.20%（2） |
| 即时通信 | 34.50%（6） | 75.30%（3） | 77.10%（3） |
| 在线音乐收听及下载（在线广播） | 34.40%（7） | 83.70%（1） | 79.20%（4） |
| 网络游戏 | 26.60%（8） | 62.80%（6） | 66.50%（5） |
| 博客（Blog，网络日志） | 25.30%（9） | 35.20%（8） | 64.40%（6） |
| 在线影视收看及下载（在线电视） | 36.30%（5） | 67.70%（5） | 62.10%（7） |
| 社交 | — | 19.30%（11） | 51.40%（8） |
| 收发邮件 | 56.10%（1） | 56.80%（7） | 54.60%（9） |
| 网络购物 | 23.60%（10） | 24.80%（10） | 35.10%（10） |
| 论坛/BBS/讨论组等 | 36.90%（4） | 30.70%（9） | 32.40%（11） |
| 网上银行 | | 19.30%（11） | 30.50%（12） |
| 网上支付 | — | 17.60%（13） | 30.00%（13） |
| 网上炒股 | 10.50%（16） | 11.40%（15） | 15.50%（14） |

续表

| 年份<br>应用行为 | 2006年 | 2008年 | 2010年 |
|---|---|---|---|
| 微博 | — | — | 13.80%（15） |
| 网络聊天室 | 20.80%（11） | — | — |
| 个人主页空间 | 20.30%（12） | — | — |
| 电子杂志 | 17.10%（13） | — | — |
| 网络教育 | 14.30%（14） | 16.50%（14） | — |
| 网络销售（含网上推广、网上拍卖） | 13.30%（15） | — | — |
| 网上预订（酒店、票务、挂号等） | 8.60%（17） | 5.60%（16） | — |

# 网络营销应运而生

　　网络上聚集了我国1/3以上的人口数量和1/2以上的人口质量，单看这个分量，就足以说明网络在我国已经占据了极其重要的位置。而这5亿人中，很大一部分是青少年和中青年，这两类群体作为我国经济发展的主力军，不仅呈现出对消费的极大追求，而且对市场未来发展具有导向作用。中国的未来将是这群年轻人的，也必然是这群年轻人的。那么，中国的绝大多数产品理所应当的最大市场定位，也必然是他们。抓住年轻人的眼球、适合年轻人的胃口，才是企业长远发展的明智之举。同时，网络在划分、细分市场方面也有较为明显的代表意义。不管是网民年龄结构的变化趋势，还是网民男女性别比例的变动，更或者是网民上网行为在近几年内的大幅度改变，都为网络作为市场细分的优良参考提供了支持。同时，丰富的网络资源和充足的网民基础，也为公司产品的市场调研、开发、生产和销售提供了高效而便捷的信息与资源。企业可以通过网络调查收集消费者需求和市场空缺产品，也可以通过与消费者的进一步沟通获得其对产品的个性化诉求，还可以通过网络向消费者和市场展示新理念、新产品与新服务等（见图1-1）。以上所说的通过网络来实现产品和服务的营销目的都属于时下最流行的"网络营销"的范畴。在如今这个信息爆炸、网络横行的年代，如果你的公司还是对网络不闻不问，一心只看好传统营销手段，那你的公司真的out了！

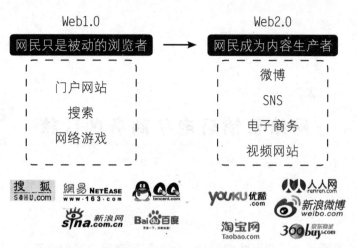

图1-1 中国互联网正从Web1.0迈向Web2.0

# 网络营销与电子商务的比较

你可能要问："那网络营销又是什么？难道就是我们日常生活中随处可见的淘宝、卓越、京东、阿里巴巴等网站的营销模式吗？"不，当然不是。这些网站是在运行电子商务，和我们今天要说的网络营销不是一回事！不管你是负责公司营销部门工作的同人，抑或是和营销工作八竿子打不着的路人甲，请你记住，"网络营销≠电子商务"！不然，你可能很难准确地理解和运用网络营销这一奇妙的营销方式了。

我们通常所说的电子商务是指在全球各地广泛的商业贸易活动中，在互联网开放的网络环境下，基于浏览器/服务器应用方式，买卖双方线下不谋面地进行各种商贸活动，实现消费者网上购物、商户之间网上交易和在线电子支付以及各种商务活动、交易活动、金融活动与相关的综合服务活动的一种新型的商业运营模式。简单地说，就是大家通过网络来实现交易和买卖。电子商务主要分为B2C、C2C、B2B、G2C、G2B、O2O。其中B2C、C2C和B2B是大家接触比较多的网购形式。B2C的代表网站有京东网、当当网、卓越亚马逊、新蛋中国、凡客诚品等；C2C的代表则有淘宝网、拍拍网、易趣网等；B2B的代表则是阿里巴巴、环球资源、中国服装网等；G2C第三方支付的代表是支付宝、银联电子支付、财付通；G2B是政府对个人，包括个人网上身份核实、网上申领车牌、网上申报个税等；G2B是政府对企业，包括网上报税、网上报关、网上申领营业执照等；O2O是Online To Offline，也即将线下商务的机会与互联网结合在了一起，让互联网成为线下交易的前台。

网络营销则是以互联网媒体为基础，以其他媒体为整合工具，并以互联网的特性和理念去实施营销活动，更有效地促成品牌的延升，提高企业、品牌、产品的知名度、美誉度的一种营销模式。也有一些专家学者认为网络营销是企业以现代营销理论为基础，利用互联网技术和功能，最大限度地满足客户需求，以达到开拓市场，增加盈利为目标的经营过程。其实这些说法大同小异，用最简单明了的话说，网络营销就是以互联网为主要手段、为达到一定营销目的进行的营销活动。如在网上刊登广告，在论坛发布信息，在网上发布供求信息，向潜在客户发送E-mail，微博互动，甚至通过网络直接销售产品等，这些都属于网络营销的范畴。

网络营销和电子商务虽然在某些地方存在概念上的重合，但其实还是有明显差异的。

**首先，网络营销与电子商务的研究范围不同。**电子商务其核心是电子化交易，而网络营销则注重营销活动是否是通过网络来实现的。网络营销和电子商务的这种关系也表明，发生在电子交易过程中的网上支付和交易之后的商品配送等线下问题并不是网络营销所能包含的内容，同样，电子商务体系中涉及的安全、法律等问题也不适合全部包括在网络营销中。

**其次，网络营销与电子商务的关注重点不同。**网络营销的重点在交易前的宣传、推广和造势，电子商务的标志之一则是实现了电子化交易。网络营销是电子商务中的一个重要环节，尤其在交易发生之前，其发挥着主要的信息传递作用。

**最后，电子商务可以被看做网络营销的综合阶段。**一个企业在没有完全开展电子商务之前，同样可以开展不同层次的网络营销活动。所以说，实际上电子商务与网络营销是密切联系的，网络营销是电子商务的重要组成部分，实现电子商务一定是以开展网络营销为前提，但是网络营销更加强调营销过程的实施和效果，是更加细致的、灵活的、创新的市场行为。

# 网络营销优劣势分析

在互联网技术日益成熟的今天，互联网在人们的脑海里早已经被贴上了"万金油"的标签。因为它能将政府、企业和个人跨时空地连接到一起，使得信息的传递变得简单、高效和互动。而在市场营销领域中，最重要的也是信息的交换和流动，这样才能有实现交易的可能。如此看来，在市场营销中，网络具有了得天独厚的条件，也可以看做先天优势（见图1-2）。

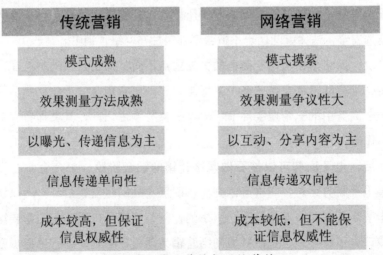

| 传统营销 | 网络营销 |
| --- | --- |
| 模式成熟 | 模式摸索 |
| 效果测量方法成熟 | 效果测量争议性大 |
| 以曝光、传递信息为主 | 以互动、分享内容为主 |
| 信息传递单向性 | 信息传递双向性 |
| 成本较高，但保证信息权威性 | 成本较低，但不能保证信息权威性 |

图1-2　传统营销与网络营销

**网络可以连接不同的时间和空间。** 互联网允许网络使用者跨时间和跨空间交换信息，使得信息流通和交易不因时间与空间的不同而阻断。企业通过网络可以实现全天24小时与世界各地进行顺畅的信息交流，即便你是深更半夜在非洲的丛林里都无关紧要。

**网络保证了消费者的自主权。**在网络营销中，消费者可以对自由选择的商品和相关信息进行深度了解。网络营销不会像传统营销那样采用过于强势的推广方式和营销方法，网络给了消费者更加自由随意的消费环境，而这一点是现在年轻人非常看重的！

**网络使得人们之间的沟通更方便灵活。**互联网的便捷性保证了信息发送者和接受者之间可以实现快速准确的信息交流活动。这不仅减少了时间差对交流结果的负面影响，更使得交流更加通畅、高效和互动。

**网络使得网络营销更加低成本而高回报。**网络营销相比于传统营销来说，消耗更少的实体资源，如海报、传单、店面、水电费和人工成本。这使得网络营销大大降低了企业营销活动的成本，而网络营销由于建立于网络基础之上，拥有较为丰富的用户资源，传播便捷，使得营销效果相当可观。

**网络允许信息以多种形式传递发送。**不论是文字、图片、音乐，还是最复杂的视频，互联网都可以保证信息被完整快速地发送到信息接收者手里。这不仅使得信息本身更加完整而富有活力，降低信息接收者对信息处理的难度，同时允许了信息发送者可以灵活地选择不同的信息形式来表达不同的内涵。

**网络使得营销行为更加全面而聚合。**鉴于互联网的强大信息囊括与传递功能，公司可以将不同的营销手段加以整理，再做出完整、全面、有序的营销活动。

**网络拥有强大的搜索功能。**强大的搜索功能使你的信息更容易被潜在的真正消费者找到，而不像过去犹如大海捞针一样困难。

当然，网络营销也不是完美无缺的，相比于传统营销，它还是存在一些劣势的，主要体现于网络营销的产品和服务在营销阶段，并不能像传统营销那样给消费者线下看得见摸得着的展示。也就是说，在网络营销中，对商家的信誉要求较高，这主要反映于消费者是否相信商家对于产品和服务的营销活动。如果消费者在某些网络营销活动的说服下近距离接触了产品，或者直接购买了产品，但产品本身并没有达到商家前期网络销售中所呈现的高水平，那么这次夸大其词的网络营销将打击消费者的信任，导致不良的心理效果。

具体来说，网络营销的劣势主要表现在以下几方面：

**首先，网络使得消费者不能近距离接触产品并作出准确的评价。**这就是上面提到的，网络虽然让交流更通畅，但也隔开了消费者和产品的距离。难以接触到的产品，总是让人没有那么容易去接受和购买。

**其次，网络营销的互动不能达到实物营销互动中的那种乐趣。**我们平时参加商场中举办的营销活动，总是乐于参加商家举办的试吃、试穿、试用活动，或者干脆上台参与一些与产品有关的体验活动，其间乐趣无穷。但是在网络营销中，虽然我们可以看到商家优美的网络营销文案，可以听到优美动听的背景音乐，甚至可以观看激动人心的营销视频，但我们就是接触不到我们关心的产品本身。这多多少少会给消费者以"好像总是缺了点什么"的感觉。

**最后，网络营销对信息接收者的上网条件要求比较高。**试想，如果消费者的网络带宽不够，或者显示器显示效果欠佳，当她看到一个卡了又卡，颜色也奇怪的衣服，会引发她购买的欲望吗？好像不会吧。所以，在网络营销中，商家只能尽量保证信息在传递出去的时候是完整、真实、连续的，但并不能保证信息在接受者那里也是完整、真实、连续的。这其实是网络在变相削弱产品本身的竞争力，根据我的大量实战经验，有时网络营销的信息到了不同消费者那里，的确会呈现不同程度的"碎片化"和"失真化"特征。

# 网络营销在国外的兴起和发展

　　就像网络营销的技术支持——互联网各类网站、电子邮件、搜索引擎等技术的开发一样，网络营销最早也是在欧美发达国家诞生的。1994年对于网络营销的发展被认为是重要的一年，因为大家普遍认为网络营销诞生于1994年。在这一年里，网络广告诞生于美国杂志Wired推出的网络版，在此主页上，发布了AT&T等14家公司的广告，这便是世界上最早的网络广告。同年，当时著名的互联网搜索引擎Yahoo、Webcrawler、Infoseek、Lycos等也初出茅庐。而更大程度促使人们开始思考网络营销的，则是一个关于两位律师在网络上发E-mail广告赚钱的故事。

　　据数据统计，2007年美国仅网络广告一项的收入就高达59.46亿美元，而到了2009年，仅仅第4季度，网络广告收入就创下了63亿美元的当时新高纪录，成为2009年美国经济一片暗淡之中的闪光点。网络营销在欧美等经济发达国家和地区取得了长足发展，在消费过程中实现了消费者和企业的双赢。

# 我国网络营销的发展

## 1997-2000年 网络营销起步——雾里看花，迷迷瞪瞪

我国的网络营销在1997年才起步，起初几年企业对网络营销的理解并不充分，当然也不可能将其作为主要营销手段。大家对网络营销的理解大多来自于一些传奇性的故事。其中最著名的网络营销神话是1998年山东农民通过网络卖大蒜的故事。

1998年山东某村支书在网上注册了域名，并把村里的大蒜和一些蔬菜挂到网上去卖。山东省青岛市相关部门看到网络上的这条消息，联系了这位村支书，两次合作出口大蒜，实现了870吨的销量和270万元的销售额。故事中的"网络"和"270万收入"使得这个网络营销故事具有极大的爆炸性和传奇性。

相比于1997年小天鹅洗衣机与阿里斯顿合作生产洗碗机、海尔冰箱销往大洋彼岸的欧洲等大企业的网络营销事件，农民网络卖大蒜更加让人对网络营销充满向往和期待。于是，很多经济相对发达地区的企业开始进行网络营销，在网上发布企业的信息，介绍自己的产品，一直发展到建立企业自己的网站，开设网上商店等。当然，企业之所以可以紧跟网络营销的节奏，和网络技术的不断发展密不可分。当时的中国网络营销市场中，已经开始大批涌现优质的中文搜索引擎了，如在早些年叱咤风云的搜狐、网易、常青藤、若比邻等。虽然在后来我国网络营销市场进一步发展中，某些网站逐渐开始衰

落以至于退出市场，但它们对我国后来的网络营销发展，尤其是搜索引擎营销和网络广告营销有着极其深远的影响。

## 2001—2004年初，Web1.0时期的网络营销——你的思想我做主

我国网络营销在经历了3年的技术开发和模式摸索，接受了国际上互联网泡沫破裂的洗礼后，终于在2001年呈现出有序高效的局面。网络营销不再是神奇的，不再是找不到规律的营销传奇或者神话，企业可以通过自己的官方网站，门户网站的网络广告，基本的搜索引擎营销，简单的视频营销等网络营销手段触及更广阔的市场和更深层次的用户需求。这时的网络营销在中国，表现出的更多是Web1.0时代的特点。

Web1.0更强调企业和网络服务提供商收集和展示更多的信息和资讯。这是一个把网站"做大做强"才是硬道理的时代。没有人过多地关注消费者想要什么，消费者在想什么，消费者想怎样。大家都在挖空心思地琢磨，我想说什么，我有什么，我要让消费者知道什么，消费者必须得到什么样的信息等。企业在推着他们的顾客向前走，网络营销在构建一个巨大的"尽在掌握"的营销背景。这时，网站之间拼得就是技术。新浪有它的技术平台，搜狐有它的搜索技术，而腾讯又有即时通信技术，盛大还有华丽的网络游戏……他们都是Web1.0时代的英雄。企业根据自己产品的特点选择不同的网站实施网络营销，不管是哪位英雄，都能为你网络营销的梦想添上精彩的一笔，因为他们背后都有着强大的支持者，他们的点击量就是他们最锋利的武器。于是，点击量又成为当时中国网络营销的另一关注点，有点击才有信息的灌输，才能实现快速而深入的营销。在没有点击量的网站发布企业和产品信息，就像故意挑选深巷子去卖酒，没有人走进去。你的东西再好，对不起，大家都不知道呢。所以，何苦为难自己？于是大家就一窝蜂地挤到"英雄"网站，这又促使"英雄们"愈加称霸一方，所谓"马太效应"，其实也可以这样理解。

当英雄们更加英雄，点击量猛增到一个境界，很多"英雄网站"开始寻

思着向综合门户网站靠拢，毕竟门户网站集多种信息于一身。更加多元而丰富的信息自然可以为网站网罗到更大的点击量和更多忠诚的追随者。于是新浪、搜狐依旧坚守门户网站的阵地，而腾讯、谷歌等新生力量也开始向门户网站看齐。与此同时，各网站也加快开发其他增值服务。这些增值服务一方面针对于网民，比如，添加网页小游戏、网页音乐播放功能、短信增值服务等。这些有趣而有价值的增值服务进一步吸引了更多网民的眼球和注意力。而另一方面，门户网站广告形式的多样化，如动静态网幅广告、文本链接广告、电子邮件广告、赞助提供、弹出式广告和"富媒体"等，都为网站吸引了更多的网络广告投放商家。如此循环往复，不但网站做大做强，我国的网络营销市场也是日益成熟完善。

　　但是在Web1.0时期，我国的网络营销主要还是"商家在说，消费者在听"的单向状态。商家通过门户网站、网络视频、网络广播、BBS和论坛发布产品与服务的信息，消费者只能通过面前的网页，被动地接受信息，甚至被动地接受对产品和服务的评价标准。不管信息是否全面，是否有用，消费者都很难进行及时的信息反馈、交流和沟通，当时的网络本身并不具备允许众多商家和众多消费者可以同时交流的技术条件与背景。消费者的诉求得不到及时的发现和满足，消费者只能在现有的市场产品里面挑选最适合自己的，而不能通过与商家的交流而买到完全满足需求的产品。这就与传统市场营销发展之初非常类似，商家的市场营销大多采取推式营销，商家以更主动和有利的地位主导消费者所收集到的产品信息、对产品的评价，甚至是消费理念。这一过程实际上忽略了消费者本身的消费动机和需求，长此以往的被动消费必将引发消费者对商家的反感情绪，继而产生自主消费的冲动和理念。网络营销同市场营销的发展轨迹相似，也发展到了以消费者为导向的人性化营销理念阶段。

## 2004年至今Web2.0时期的网络营销——你的地盘，你做主！

　　当网民开始厌倦由网络决定的自己单向接收的信息、思维的方式、形成的逻辑时，Web2.0的诞生就显得那么自然而然，网民追求个性化的信息和资讯，网络服务提供商和企业再也不能左右网民的想法。于是，网络营销在这时也必须跟上网络的节奏，走上以顾客为导向的个性化营销征途。所谓以顾客为导向的个性化营销阶段就是"企业倾听消费者的心声，说自己的话"。Web2.0时期的主要特点就是网站内容的制造者多样化，互联网上的每一个用户不再仅仅是互联网的读者，同时也成为互联网的作者；不再仅仅是在互联网上冲浪，同时也可成为波浪制造者！在模式上由单纯的"读"向"写"以及"共同读写"发展，由被动地接收互联网信息向主动创造互联网信息发展，从而更加人性化、互动化！简单解释一下，就是在Web2.0时期，以用户为主导，以简便随意的方式，通过网络日记等形式把网民的声音强有力地发出来。这一时期的网络信息是动态的、多向发展的、不确定的、可以被任何人修改的！网络从这里开始真正开始走向平等、交互。谁都可以成为大众焦点，谁都可以实现自己的愿望，只要你有料，只要你够内涵！

当然，也有人说Web2.0是一个吸引注意力、眼球的时代，任何一个细小的变动，只要它足够精彩，可以吸引到大众的目光，它就可以通过互联网的搜索引擎、微博、博客、BBS、即时通信软件、电子邮件等方式引发巨大的舆论力量，进而成为世界的焦点。而Web2.0时期的网络营销就是要借助网络这个焦点的无限放大器，实现其宣传营销的目的。我国网络营销现在正处于这个阶段，借助Web2.0的互动模式，实现市场的无限开发与渗透。我国早已在2004年前后踏入Web2.0时代网络营销。现在比较流行的网络营销方式有：网络新闻营销、论坛营销、微博营销、博客营销、网络投票营销、网络广告营销、搜索引擎营销、网络视频营销等。企业开始向网络营销投入更多的关注和资源。宝马、欧莱雅、肯德基等跨国大型企业都在中国采用了搜索引擎营销的模式，不仅构建了更加优质的品牌形象，而且进一步拓宽和加深了市场。而IBM和绿盛则选择以网络游戏作为网络营销的载体，在体验中吸引潜在消费者。与此同时，清扬和立邦漆则顶住了大家对电子邮件营销极其反感的情绪，采用电子邮件营销与病毒营销相结合的方式消除了消费者心中的疑惑，实现了一传十、十传百的高效市场营销预期。当然，网络视频作为最具有吸引力和传染力的网络营销手段，也没有被大企业所遗忘，雪弗兰和飞利浦就是采用这种营销方式实现了他们新产品的成功推广。而中小企业则更加偏重于企业官方网站建设、论坛营销、软文营销等成本较低的网络营销手段。

不管企业采取的是哪种网络营销手段，都要遵循网络营销在Web2.0时代的规则。最重要的一条规则是，消费者，或者说是受众，或者说是网民，要参与到网络营销的具体过程中去。首先，Web2.0网站的内容通常是用户发布的，使得用户既是网站内容的浏览者也是网站内容的制造者，这也就意味着Web2.0网站为用户提供了更多参与的机会，如博客网站和wiki采用的就是典型的用户创造内容的指导思想，而tag技术（用户设置标签）将传统网站中的信息分类工作直接交给用户来完成。其次，企业要足够重视与消费者互动，要快速适应消费者在行为和思想上的波动，并且要尽快找到配合消费者想法的解决方法。这种交互，不仅强调了企业与消费者之间的良性、及时、准确的沟通和交流，也强调了消费者之间的沟通交流，这样，消费者才能收集到充足的产品信息和资讯，积极参与到网络营销活动中来。最后，Web2.0时期的网络营销并不是与Web1.0阶段的网络营销完全割裂开的，Web2.0时期主要强调的是营销的互动与自主的过程，而实现这一营销目标的营销手段是可以灵活采用各种网络营销方式的，并不是一定要采取包含有互动模式的网络营销手段。

## 我国网络营销的发展现状

我国网络营销经历了从误打误撞、歪打正着、懵懵懂懂、基本领会到融会贯通的过程，现在仍在不断地优化，逐渐与国际水平缩小距离，跟上世界发达国家网络营销的步伐。

网络营销在这十几年的发展中，取得了不俗的成果。我国网络营销的基础设施水平较高，可以满足市场对其的要求和期望。我国企业基本达到了计算机的100%普及，服务器的占有率也远远超过了半数。同时，一半以上的大中型企业拥有企业内部局域网。我国大多数企业也拥有外部网络，并且建设情况较好。与此同时，我国网络营销服务市场逐渐完善，达到了较高的水平。在我国网络营销服务市场中，有大量的提供网站建设的公司，为我国企业通过建立官方网站实施最基本的网络营销提供了坚实有力的支持力量。同时，提供的专门网络营销服务种类也在不断增多，如门户网站的网络广告、专业搜索引擎的关键词广告、竞价排名、信息发布、IM营销、"机器人"营销、"病毒"营销等。国内网络广告的形式也越来越丰富，营销作用越来越强。国内主要的几大网络营销投放网站，不断调整广告的尺寸规格、表现形式、视频显示效果等，从侧面推动了我国网络营销的发展。值得一提的是，我国的搜索引擎营销在几年中得到了长足的发展。尤其是以百度和Google为代表的搜索引擎服务提供商，不断改进技术实现搜索的便捷性和人性化，这都为我国搜索引擎营销、关键字广告、竞价排名等网络营销手段的快速发展提供了技术上的保证和支持。但是，在国外较为流行的E-mail营销在我国却没有正确的定位和市场需求。这主要是因为早期的某些公司通过非法手段获取消费者信息，在未取得消费者同意的情况下大量私自发邮件宣传产品和服务，引发了消费者对E-mail营销的极大不满和抵触心理，致使很多电子邮箱供应商开始屏蔽E-mail广告。这对E-mail营销造成了很大打击。

我国网络营销也面临发展不平衡的问题，这主要表现在地域、行业、企业规模的差别上。具体来说，东南沿海等经济发达地区的企业，由于依托的城市经济条件发达，管理和营销理念紧跟国际步伐，与国际上的商务往来也较为频繁，企业内部信息化程度较高，网络基础建设良好，对网络营销有更进一步的认识等原因，导致经济发达地区的企业会更多地采用网络营销的形式推广产品和服务。以我们的经历为例，80%以上的客户都集中在经济发达的京津地区和长江三角洲、珠江三角洲。而在网络营销方式的选择上，这些发达地区的企业也会比其他地区的企业更加倾向于选择更为高级的营销方式。而就不同行业而言，电子、汽车、贸易、旅游、影视等行业会更加倾向于信任网络营销，而大型机械、建筑建材及能源行业则对网络营销不"感冒"。在企业规模方面，我国中小企业参与网络营销的势头虽然有所上扬，但依然远低于大型企业，有的小型企业甚至不信任网络营销方式，主要是对网络营销的理解还有所偏差，对我国网络营销大环境还存在一定疑虑，或者根本就不懂！

## 我国中小企业网络营销现状的数据分析

那么我国中小企业的网络营销到底做得怎么样呢？在中国互联网络信息中心（CNNIC）发布的第27次《中国互联网络发展状况统计报告》的数据中，我们可以得到一些答案。此次报告是统计了截至2010年12月，我国中小企业实施网络营销的情况。根据CNNIC调查统计，中国中小企业企业建站（拥有独立网站或网店）的比例达到了一个相对较高的水平。截至2010年12月达到了43%，其中27.8%的中小企业建立了独立企业网站，这为中小企业进一步开展网络营销提供了比较坚实的基础。但从下表数据中我们可以看出，目前中小企业中电子商务/网络营销方面的互联网应用水平还比较低，位列第五，应用渗透率仅有42.1%，如图1-3所示，企业官方网站并没有充分发挥其在网络营销领域的作用。究其原因，主要还是网站运作上出了问题。在中小企业设计官方网站目的的调查中，92.2%的公司表示希望官方网站可以展示主要产品，而88%的公司表示希望官方网站可以宣传企业形象，还有46.2%的公司表示希望官方网站可以在产品的网络销售方面起其他的作用，如图1-4所示。

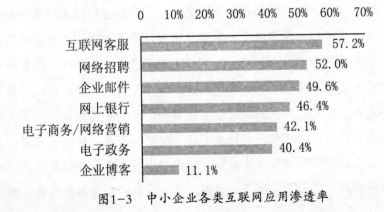

图1-3　中小企业各类互联网应用渗透率

可见，我国中小企业已经认识到了官方网站对网络营销有重要意义，但由于技术支持和人员配备不足以及数据更新缓慢，加上硬广告表现过于直白粗浅等问题导致中小企业官方网站在网络营销中效果欠佳。

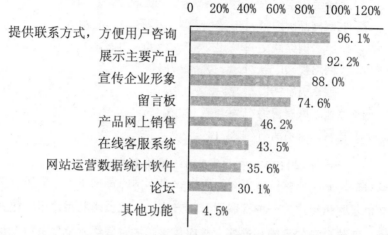

图1-4 中小企业网站功能设计

从中小企业采取的网络营销方式来看，电子邮件营销方式是中小企业最普遍采用的互联网营销方式，21.3%的中小企业曾经采用过电子邮件营销，如图1-5所示。电子邮件营销的优点是成本低、到达率高等，而缺点则是容易引起受众反感和被防火墙自动隔离等。不过，将电子邮件营销与CRM系统结合，进行更加精准的促销信息推送，这仍然是非常有效的网络营销方式。因此，电子邮件营销未来还将是最为普及的网络营销方式之一。除此之外，电子商务平台和搜索营销，主要包括搜索关键字广告、搜索引擎优化等，是中小企业互联网营销中较为重要的两类互联网营销方式，也是中小企业互联网营销中投入较多的两个领域。

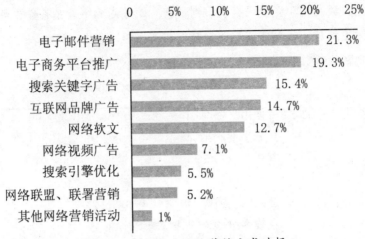

图1-5　中小企业网络营销方式选择

　　目前，互联网品牌广告依然在中小企业的网络营销中占有一席之地，网络软文也是利用较广的一种互联网营销方式。企业员工利用论坛、博客及微博等手段宣传自己的品牌和产品，或雇用专门的"网络水军"进行有组织的互联网舆论战。这种互联网营销方式正不断得到广告主的青睐，但在未来可能面临更加严格的管制以及社会负面舆论的影响。

　　网络营销是否能赢得消费者的芳心，除了产品和服务本身对消费者是否有价值和网络营销方式的选择，还有一点也非常重要，那就是消费者对网络营销的态度和理解方式。如果你的产品或者品牌让消费者对积极的营销风格非常反感，或者对购买行为本身并不打算耗费过多精力和时间，只是随便看看就可以做出购买决定，那么网络营销对这样的消费者将是无效的。在浪费了企业营销资源的同时却并不能实现预期的营销目的，这样的营销理念和模式只会给企业减分。所以，掌握消费者的消费观念和认知模式，将是运用网络营销前应做好的基本功课。

　　从我国实行对外开放到现在，消费者的消费理念有了很深刻的改变。计划经济下我国消费者保守被动的消费理念自不必多说，那么现如今，我国消费者又是怎样理解消费的呢？

　　首先，也是最重要的一点，我国消费者现在最强调的一个词是"个性消费"。从工业化和标准化生产供给方式中解放出来的现代人，对于大批量生产的无差异的产品总会多多少少觉得没那么值钱，这样的商品在消费者心里自然也就没有多大价值。现在的消费者，尤其是中高端消费者更加强调的是符合自我个性和特殊需求的产品的消费，即我想要什么，而不是市场上有什么。如果把这一观点稍微夸张一些，其实就意味着每一个消费者都是一个细分市场，企业要满足所有人，就要先弄清楚每个人需要的是什么，然后再挨个精工细作。消费者的这一消费理念就对网络营销非常有利，因为传统营销方式难于接近消费者，或者说很难实现像网络营销一样深入地接触消费者。于是，传统营销方式在市场细分和消费者需求发掘方面就难以与网络营销相媲美。网络营销在这里的优势主要来自于网络允许企业与消费者之间快速直接无障碍的沟通，当然，沟通的成本也较小。

其次，今天我国消费者的消费主动性很高，主要体现在消费者在消费之前、消费中、消费后都愿意主动收集更多的商家和产品信息，与相关人士对产品进行更进一步的沟通，消费之后，消费者还有可能将消费经验和体会反馈给其他消费者或潜在消费者。就像我们在决定去哪家店吃饭之前，一定会在大众点评网之类的消费经验分享网站参考一下"前人"的消费经验和教训。或者，我们会直接问吃过的朋友："嘿，哪家火锅的味道不错？"总之，现在的消费者很少随便消费了。我们有理由相信，现代人的任何一个消费行为背后都隐藏着一个庞大的信息收集和分析过程。所以，就像之前举的例子，网络作为最方便快捷的信息来源，已经可以影响甚至完全左右我们的消费决定。那么，还等什么？赶紧把你公司产品的信息挂到网上，让大家来评价它，让"后来消费者"来追逐它吧！

再次，现在的消费者除了追求消费的高性价比之外，其实他们也很在意每次消费的隐性成本，比如是否浪费时间，是否过于消耗体力精力等。时间和精力在现代人眼里根本就是金钱，就是价值。因为如果我的时间不浪费在这里，完全可以用在别的地方，或者用来赚更多的钱，或者用来做更惬意享受的事，我干吗非要被买个东西这么简单的事情束缚着，半天都不能做别的事呢？恰巧，在这一点上，网络营销相比于传统营销又胜一筹。网络营销可以保证消费者足不出户就可以更快更多地收集到优质、准确的产品信息，同

时，网络营销在很多情况下也会与该产品的电子商务存在很多联系。不用风吹日晒，也不用穿梭于人潮澎湃的各大商场，更没有一分钱的交通费用，就可以解决很大一部分商品的购买，这是让多少男性或者"宅性"消费者乐在其中的消费形态啊！

最后，我们也应该考虑到，除了图方便的消费者，世界上还有一群消费者，他们很享受在实体产品中徜徉，在看、摸、试的产品信息收集过程中享受乐趣。这一点确实是一部分现代消费者的消费理念和感知方式。平日里积攒的工作压力、升职压力、生活压力等都可以在这个产品信息搜集的过程中得到释放，对相当一部分女性消费者来说，更是如此。网络营销虽然无法在这一领域与传统营销相抗衡，但是各种网络营销的手段会极大地影响他的前期意愿和决策，如网络视频广告，为消费者在网络收集产品信息的过程中添加了不少乐趣和潜意识产品渲染。"芬达"橙味汽水的一则网络视频广告就是通过鲜艳的色彩、足以勾起消费者劲爽感觉的音效和演员的夸张表演来传递"芬达"橙味饮料给人带来刺激、动感、有活力的理念。同类型的网络视频广告，可口可乐、百事可乐、"奥利奥"饼干也都曾用过，相信大家也会觉得这些视频广告传达出的感觉非常真实，能让人瞬间萌生购买的冲动。

# 网络营销环境分析

　　营销环境是指对企业的市场和营销活动产生影响与冲击的各种因素。企业不能离开环境而独立存在。为了更好地生存和发展，企业必须顺应外部环境的变化，了解并把握市场环境变化发展的趋势，并积极改善企业内部环境，以确保企业在激烈的市场竞争中立于不败之地。本节对企业内外部环境以及我国的发展现状作了相关分析。

## 政治和法律环境

　　政治和法律环境是国家社会秩序稳定和经济发展的必要条件，一个国家的政治和法律环境直接影响到企业的经营决策和我们的网络营销行为，因为国家的方针政策及重大政治经济措施，不仅直接影响着企业的行为规范，而且还会影响到消费需求甚至人们的观念和生活方式。政府在政治和法律环境中发挥着重要的作用，主要体现在：一是通过制定一系列的政策和方针来管控经济发展；二是制约和规范企业的活动，让企业在法律允许的条件下进行生产活动。稳定的政治环境是企业发展的前提，当前，我国政局稳定，投资环境良好，市场前景广阔，国家制定了一系列有利于企业发展的措施，为企业带来了良好的机遇，同时也让企业面临新的挑战。法律法规作为国家意志的表现，对于规范市场和企业行为有着直接的经济上的作用，体现在：一是保护企业间的公平竞争，二是保护消费者利益，三是保护全社会的整体利益。网络营销作为一种新型的交易手段和商业运作模式，它的成长不仅取决于计算机与网络技术的发展状况和成熟程度，而且很大程度上取决于政府能否营造一种有利于网络营销的适宜环境。在国内，我国政府已经敏锐地意识到信息技术对经济增长和企业竞争力的巨大影响，并全面、积极、稳妥地为网络营销的发展营造适宜环境。

从20世纪90年代中期至今，我国出台了一批专门针对信息网络安全的法律、法规及行政规章。全国人大通过的《关于维护互联网安全的决定》，国务院颁布的《中华人民共和国电信条例》、《互联网信息服务管理办法》等政策及法规，初步确立了市场经济条件下符合国际惯例的法制框架。1994年以来，国务院办公厅以及国家相关管理部门已经出台了38项政策性文件、法规、法律。目前，我国政府在明显地增加对互联网商务的支持与投资力度，对电子商务给予了前所未有的关注。我国电子商务发展的总体框架，包括整体战略、发展规划、发展措施、技术体制标准以及相关法律法规也陆续出台，将给我国网络营销带来一个更加规范有序的应用与发展环境。

## 技术环境

技术环境是指影响企业活动的科技因素和技术条件，国外网络技术的发展始于20世纪50年代后期美国ARPNET的诞生，TCP/IP协议的出现推动了网络技术的发展，最终到20世纪90年代初期出现了互联网，而中国的互联网技术发展起步较慢，主要依附于国外的发展，但是发展速度很快，从反映互联网技术发展的基础资源数据中，可以看出我国目前的网络技术水平。中国政府积极推动下一代互联网研发，20世纪90年代后期，中国开始下一代互联网的研发，实施"新一代高可信网络"等一系列科技重大项目。2001年，中国第一个下一代互联网地区试验网（NFCNET）在北京建成。2003年，"中国下一代互联网示范工程"（CNGI）正式启动，标志着中国进入下一代互联网的大规模研发和建设阶段，现已建成世界上最大的IPv6示范网络，试验网所用的中小容量IPv6路由器技术、真实IPv6源地址认证技术和下一代互联网过渡技术等处于国际先进水平。中国提出的有关域名国际化、IPv6源地址认证、IPv4-IPv6过渡技术等技术方案，获得互联网工程任务组（IETF）的认可，成为互联网国际标准、协议的组成部分。

根据《第27次中国互联网络发展状况统计报告》，2010年年底IPv4地址已经达到2.78亿，有力地保障了中国互联网的稳步发展。目前IPv4地址数量仍增长迅速，年增长率为19.4%。2010年年底域名总数为865.7万，其中50%为.CN域名，网站数量达到190.8万个。国际出口带宽达到1 098 956.82Mb/s，增长迅速，年增长率达26.9%。

## 基础设施

中国投入了大量资金建设互联网基础设施。1997年至2009年，全国共完成互联网基础设施建设投资4.3万亿元人民币，建成辐射全国的通信光缆网络，总长度达826.7万公里，其中长途光缆线路84万公里。到2009年年底，中国基础电信企业互联网宽带接入端口已达1.36亿个，互联网国际出口带宽达866 367Mb/s，拥有7条登陆海缆、20条陆缆，总容量超过1 600G。中国99.3%的乡镇和91.5%的行政村接通了互联网，96.0%的乡镇接通了宽带。2009年1月，中国政府开始发放第三代移动通信（3G）牌照，目前3G网络已基本覆盖全国。移动互联网正快速发展，互联网将惠及更为广泛的人群。

中国把发展互联网作为推进改革开放和现代化建设事业的重大机遇。在互联网发展的相关工作指示中，国家领导人多次强调互联网发展与经济发展的协调和互相促进。互联网基础设施的建设和完善促进了互联网的普及与应用。截至2009年年底，中国网民人数达到3.84亿，比1997年增长了618倍，年均增长3 195万人，互联网普及率达到28.9%，超过世界平均水平。中国境内网站达323万个，比1997年增长了2 152倍。中国拥有IPv4地址约2.3亿个，已成为世界第二大IPv4地址拥有国。中国使用宽带上网的网民达到3.46亿人，使用手机上网的网民达到2.33亿人（含非智能手机）。中国网民上网方式已从最初以拨号上网为主，发展到以宽带和智能手机上网为主。中国互联网发展与普及水平居发展中国家前列。这都为我们的网络营销打下了坚实的物质基础。

## 经济环境

经济环境是指企业在生产经营过程中所面对的各种经济条件等客观因素。它在影响企业营销的众多因素中是最直接、最基本的。下面从三个角度分析一下我国当前的经济环境。

改革开放以来，我国经济实力得到了持续快速的发展，人民生活水平得到了显著的改善。而信息产业的发展，又带动了信息服务业的繁荣，不仅为整个工业经济向知识经济的转化创造了条件，而且造就了大批网络用户。据CNNI最新调查，我国大部分互联网用户对网络贸易很感兴趣，这为网络营销的开展打下了良好的基础。2009年全年国内生产总值335 353亿元，比上年增长8.7%。全年农村居民人均纯收入5 153元，剔除价格因素，比上年实际增长8.5%；城镇居民人均可支配收入17 175元，实际增长9.8%。国内生产总值的提高特别是人均收入的提高有利于网络消费的普及，为进行网络营销的企业提供了坚实的发展基础。

在经济环境中，尤其重要的是网络经济环境。网络经济是指建立在计算机网络基础上的生产、分配、交换和消费的经济关系。它以信息为基础，以计算机网络为平台，以生产、分配、交换和消费网络产品为主要内容。艾瑞咨询公司根据多项数据研究推测，今后几年我国互联网经济的市场规模还将高速发展。

## 文化环境

对消费者而言，上网是很私人的行为，完全是以自我意识为导向的。而对网络上的某些内容或者某些站点所形成的偏好、评价则完全建立在其个人的价值观基础上。尽管网络是一个貌似虚拟的世界，但是人们在网络上的行为无时无刻不受特定文化的影响。这些因素具体包括人的基本信仰、价值观、审美观、传统习俗习惯、道德约束等。通常，核心的文化价值观具有高度的持续性，很难被改变。尽管网络是全球性的、完全开放的，然而各地区人们的语言、习性、偏好却是不同的，文化的差异导致了思维习惯、理解模式的差异。另外，网络也在不知不觉地改变人们的传统价值观。网络作为传递信息的媒体，更加便捷迅速，它使各种文化交流的范围更加广泛、程度也更深。它不仅仅是以组织行为来进行的，而是更多地体现为普通大众对外界事物的好奇和关注、探索和了解。因此随着文化交叉的程度日益加深，企业所面临的机会增加了，但实施难度也增加了。我国的传统文化受到儒家思想的影响，和西方的文化相比显得含蓄内敛，但是文化本身就是一个动态的概念，它随着时代的变迁发生变化，随着改革开放以及互联网经济的深入发展，我国的传统文化受到了外界文化的强烈冲击，传统的含蓄和内敛的特色在逐渐地淡化，人们对外界事物的接受力增强，这就为企业提供了更广阔的市场机会。

一个新的营销模式的推广，不仅需要一定的市场空间作为基础，而且需要与当地的文化环境兼容，具体说就是，要有企业主题的经营观念和消费者的消费观念及消费习俗的支持。这对于目前中国网络营销发展来说，还是比较薄弱的一个环节。

受历史背景及文化影响，许多企业一直保持传统的营销模式，众多企业甚至不惜重金继续沿用单一的电视广告、平面广告等传统营销模式。但产品的时尚型消费群体及分享型消费群体异军突起，与传统型消费群体一起成为消费者的中坚力量。对时尚型、分享型消费者而言，网络的存在更加快了其普及速度，如何融入消费者的网络生活成为所有品牌未来的传播课题。

中国传统的消费观念是一定要见到要购买的产品实物本身才会放心，网络营销固然以其丰富的信息和便捷的速度给传统的营销模式带来革命性的影响，但网络交易毕竟还是虚拟的，并不能将产品实物直接展示在消费者面前，因而也就不容易为消费者全面接受。一部分消费者逛商场、去超市，在琳琅满目的货架前流连忘返，这不仅仅是一种经济消费行为，很多时候更是一种习惯性文化消费行为。文化环境对企业网络营销发展的影响在于，它使企业的经营观念、行为的改变与消费者的消费观念、行为的改变逐渐合体。而企业经营观念、行为以及消费者的消费观念、行为的改变，不是一两天就能做到的，它需要全社会的关注，需要主流媒体的宣传，更需要经济发展的支持，如图1-6所示。罗马不是一天修成的，但它终归修成了。

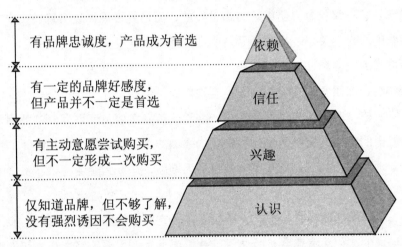

图1-6　网络品牌建设的4个必经阶段

# 网络营销理论基础

太阳下面，没有任何东西是全新的，网络营销理论也是如此，它是传统营销理论在新技术、新平台下的必然产物。

在互联网跨入Web2.0时代的当下，网络营销也悄悄发生了改变。这主要是因为网络营销所面对的消费者和消费环境都已经完成了华丽转身。消费者不再是简单地接受市场和商家安排的"乖乖仔"，他们现在想要更多、更加张扬自我、更能显示自我价值的独特商品，有的人把消费者这样的需求归为"小众"或"非主流"需求。而在消费环境中，企业生产能力的不断增强，生产资源的不断积累以及企业间日渐良性的竞争模式，为消费者提供了更多、更好、更不同的选择，于是，在这一来有供给，二来又有需求的市场中，消费者的消费模式产生巨大改变就是可以理解的了。所以，在寻找和分析网络营销的内涵与运作机制的时候，我们就需要寻找更加贴近Web2.0特点的那些部分。

当然，直复营销理论、软营销理论、关系营销等经典网络营销理论依然在这一领域发挥着至关重要的作用。网络本身的特性决定了它让营销活动更加便于沟通，更加尊重消费者的选择和态度，也更加善于建立稳定持久的关系。我们今天将要讨论的，是强调在Web2.0背景下，并且也为今后Webn.0的到来做好准备。网络营销背后的一些核心内容，有的你早已听说，有的早先应用于别的领域，但是，Web2.0时代的网络营销，确实发挥了这样的作用，它融合了其他领域已有的和最新的理论，并将它们的效用发挥得登峰造极！

那么，我们先来看一下Web2.0时代的网络营销环境到底发生了什么变化。

**首先，在Web2.0时代，网络为企业提供的可利用资源越来越多。**企业可以通过网络来收集消费者需求信息、市场规模信息、市场里已有竞争者信息、潜在的竞争者信息、市场运作规律以及产品竞争力等多方面的信息。这些信息有的是以行业报告的形式呈现的，有的是以零散的信息形式呈现的。但不管怎样，只要企业有心，总会在浩如烟海的网络信息中找到自己想要的。当然，收集信息的手段也要灵活多变，尤其是收集与消费者相关的信息时，要抓住消费者的眼球和注意力，才会吸引消费者参与调查。你看，Web2.0时代拼的就是注意力。你的公司，能做到吗？

**其次，Web2.0时代本身就是一个互动的时代。**无论是消费者还是商家，都不再是简单地浏览和接受网上的信息，大家都在制造自己的信息和资讯，Web2.0就是要大家都动起来。在Web2.0时代，没有永恒的成功与失败，只要企业愿意努力，坚持不懈，总有一天可以发挥自己的优势，实现自己的战略目标。即使挣扎在一片血雨腥风的"商业红海"之中，也能占领一片无人敢抢、无人能抢的海域。

**再次，Web2.0时代提供大家能够互相交流、互动的可能。**消费者不仅可以从多角度多方面接受不同的信息，也可以与多人交流沟通，将自己的信息向多角度、多方面传播。这是一个内部错综复杂的人际交往网，而不再是几条简单的线构成的开环或者闭环交流区。所以，Web2.0时代，信息是向多方向发散传播的，对多人多方面都会产生影响。信息的传播过程不再是企业可以控制的，同时企业也不能完全干预传播信息的具体内容。所以，这就要求企业在产品和服务上，要尽量做到尽善尽美，才能保证良好的网络营销和信息传播效果。否则，不但不能达到预期的营销目的，还可能引发负面消息的广泛传播，造成不利的结果。

**最后，Web2.0时代是多因素相互融合，共同对网路施加影响的时代。**这更加突出了企业对网络的不可控性。但是，企业可以以官方身份维护其信息在网上的传播，对于恶意中伤企业的组织和个人，企业可以通过合理合法的手段进行防范、阻止，甚至使用法律武器来维护企业自身的合法权益。同时，网络信息传播的不稳定性、碎片性，对企业对产品和服务质量提出了更高要求。

## 长尾理论

2004年美国wired杂志主编克里斯·安德森（Cbris Anderson）第一次提出长尾理论，这是与以往的80/20原则完全相对的。按照传统的80/20原则，公司80%的收益来自于其20%的用户，公司只要将精力集中于这20%的客户即可保证公司正常的运营，而对其余的80%的客户则可不予以重视。而安德森的研究却发现，在互联网市场上，有90%的产品在传统市场上是买不到的，但是它们却带来了销售额的25%和利润的5%，而在传统市场上没有利润空间的产品却占到了长尾市场产品总量的50%。因此，长尾理论恰恰认为其余的80%客户同样重要。长尾理论的基本原理是：只要存储和流通的渠道足够大，需求不旺或者销量不佳的产品所共同占据的市场份额可以和那些少数热销产品所占据的市场份额相匹敌甚至更大！

一次，克里斯·安德森与eCast首席执行官范·阿迪布会面，后者提出一个"98法则"，这让安德森耳目一新，从而改变了他的研究方向。范·阿迪布从数字音乐点唱数字统计中发现了一个秘密：听众对98%的非热门音乐有着无限的需求，非热门的音乐集合市场无比巨大。安德森意识到，阿迪布那个有悖常识的"98法则"隐含着一个强大的真理。于是他系统研究了亚马逊、狂想曲公司、BIOg、Google、eBay、Netflix等互联网零售商的销售数据，并与沃尔玛等传统零售商的销售数据进行了对比。在此对比中，他观察到一种符合统计规律的现象，这种现象恰如以数量、品种二维坐标上的一条需求曲线，拖着长长的尾巴，向代表"品种"的横轴尽头延伸，长尾理论在这样的背景下诞生了。

克里斯·安德森说，在技术的加速发展和创新的不断推动下，互联网发生了不可思议的变革，只要渠道足够大，非主流的、需求量小的商品销量也能够和主流的、需求量大的商品销量相匹敌。长尾理论具体可以表述为：由于成本和效率的因素，过去人们只能关注重要的人或重要的事，如果用正态分布曲线来描绘这些人或事，人们只能关注曲线的"头部"，而将处于曲线"尾部"、需要更多的精力和成本才能关注到的大多数人或事忽略。虽然都是基于同样的统计图形，但是"长尾理论"与"二八定律"的含义却截然相反。"长尾理论"指出，用户的那根"长尾巴"是很重要的。例如，在销售产品时，厂商关注的往往只是少数几个所谓的"VIP"客户，无暇顾及在人数上居于大多数的普通消费者。网络时代则不同，由于关注的成本大大降低，人们有可能以很低的成本关注正态分布曲线的"尾部"，关注"尾部"产生的总体效益甚至会超过"头部"。

长尾理论之所以对网络营销有着深远意义，是因为长尾理论从三个方面证实了网络营销的效果，分别是商品长尾、媒体长尾和消费者长尾。

从网上书店营销形式来看，商品的长尾营销，宣传方式仅仅是单一的"宣传"，通过无限扩展自己网上的产品数量，可以获得可观的长尾利润。这也正是长尾理论告诉我们的最基本道理。长尾利润是我们在传统营销方式下不能获取的，这是商品长尾营销带给我们的启发。但是，对于商品的长尾营销来说，它仅仅是将商品信息通过互联网传达给所有人，其中只有一部分会是消费者。仅仅靠大面积的宣传并不能将商品信息精确地传达给每一个需要信息的消费者。

媒体的长尾营销是产品线的无限扩展。网易有句广告词叫做"网聚人的力量"，在互联网刚刚兴起之初，网易就已经发现了人的力量。《一个馒头引发的血案》引发了个人"流媒体"的兴起，国内三大门户网站，加新进的TOM、QQ，和中华网、新华网、凤凰网一起构成网络新闻信息的供应主力部队，那么散落在各个博客、微博上难以计算的"控"们是不是就是那条长长的信息的尾巴呢？

主力网络媒体毕竟规模有限，而"控"们的队伍则继续壮大，两者不同的地方只在于总体访问率而已。再偏门再边缘的信息也有需要，低成本制作出的《一个馒头引发的血案》风头更是盖过了数亿资金打造出来的《无极》。据此我们可以说，个人媒体开始作为一股不可小觑的力量出现在主流媒体的面前。个人媒体之所以已经逐渐上升为能和主流媒体平分秋色的力量，乃是因为它的无限广度和无局限性。这些非主流的集合就形成了真正的主流。与商品的长尾相比，在传播方式上，媒体的长尾从单一的"宣传"变成了"宣传+个人媒体的互动"。媒体的长尾，除了运用商品的长尾优势之外，还重视个人媒体的力量，加上了个人媒体的互动。网聚小众媒体的力量可以弥补单一宣传由于宣传面太宽而效果不明显的不足之处，通过增加小众媒体的传播，可进一步增大信息与消费者的接触面，通过广而告之和小众媒体的互动让信息有效地传达到更多的受众那里。一些互联网的个人媒体已经开始成为一股新的力量，出现在我们的面前。因此，媒体的长尾可以说是商品传播的新兴力量。其实我们网络营销从业者所做的许多工作，就是在不断地晃动和延长这条长尾。

受众的长尾营销保证了精准传播的实现。不管是商品的宣传还是个人媒体的互动传播，营销最终的目的还是与目标消费者联系在一起。如何抓住散落在网络中的每一个消费者呢？长尾营销解决的正是这个问题。北京一度流行MSN订饭，DELL网上直销，这些是在精准营销上的一些尝试。受众的长尾营销就是要做到精准传播，和受众面对面。信息到达率更高，信息匹配程度更高，而且信息到达足够低廉，可以使众多产品实现有效的直销。借助互联网可以做到精准传播。真正地做到了以消费者为导向，抓住了消费者，营销的任务也就有了基础。所以说，受众的长尾是未来营销发展的必然趋势。相对前两者来说，受众的长尾营销是"精准直达"的传播方式。

## 销售行为=f（VOC，买点和卖点，兑现性）

销售工作就是发现、确定甚至帮助形成客户最后的VOC，即可以接受的买点和卖点，并向他们证明这些买点和卖点是可以兑现的一个沟通和互动的过程。

销售的目的在于交换的沟通和互动过程，交换是价值的交换，所以销售的基础应该是客户方的价值形成和交换过程。价值是客户的认知结果，它随客户认知的变化而改变，怎样将客户方的价值形成和交换过程合情合理地体现在客户的产品购买和使用中呢？PPP模型可以做出合理的解答。PPP模型提供了一种进行有效销售和销售管理的路标指示系统，体现着客户在价值形成和交换过程中，为了形成和获得自己认同的价值所经历的不同阶段。在PPP模型中，客户产品购买和使用过程包括5个阶段：需求意识诞生阶段；需求定义阶段；选择评估阶段（选择性的评估）；最终认可（或购买确认）阶段；控制评估（或购后评估）阶段。

PPP模型是，销售行为=f（VOC，买点和卖点，兑现性），意思是，销售工作是发现、确定甚至是帮助形成客户最后的VOC，即可以接受的买点和卖点，并向他们证明这些买点和卖点是一个可以兑现的沟通和互动的过程。这里面VOC是选择点与关联概念的加重。选择点是对哪些相关事宜更重视（如房子的地理位置），关联概念是支持这种偏重或选择性认识的理由和逻辑（如房子地理位置关系到人文环境、卫生环境、购物条件等）。买点意味着客户购买和享用的是自己认同的具体利益。卖点意味着客户在追求自己认同的具体利益的同时，也需要得到社会或人际环境的认同。没买点没动力，没卖点不能驾驭，而兑现性则指客户关于VOC，即买点和卖点的理解，是否可以在商品中得以实现。

下面具体介绍PPP模型中各部分的内涵。

VOC（views on criteria）是每个消费者都拥有或可以拥有自己认同的、能最好满足购买需求的看法，我们把这种看法叫做选择标准看法或VOC，用公式表示就是：选择标准看法（VOC）= 选择点+关联概念（认知框架）。

选择点是指人们在购买过程中，突出重视的一些具体事宜或特点，如在购买汽车时，人们可能更关心车的外观、排量、价格、油耗、安全系统及售后服务等。这些受到突出重视的具体事宜或特点就是他们的选择点。

关联概念（或认知框架）是指人们自己支持这种偏重性或选择性的认识，并能由一定关联概念表示出来的理由和逻辑，如某个消费者关注车的外观可能出自时尚的考虑，关注排量可能更在意的是身份和地位，关注价格可能源自自己盘算的性价比等。

因为是选择标准看法，所以消费者可以像任何看法一样，在沟通和互动中有所改变，这实际上也真实地反映着这样一个事实，即最终被消费者认可的VOC可以不同于他先前的VOC——它可以是销售方和购买方相互交流、沟通和互动过程。无论如何，消费者的选择依据就是他们的价值依据。当消费者的VOC是购买和使用过程中的人际利益的价值时，我们销售的就是人际利益的价值；当消费者的VOC是产品和服务本身所带来的价值时，我们销售的就是产品和服务本身的价值。我们销售的就是这些过程因素所带来的价值。

买点和卖点是指任何价值都要有具体的体现形式，销售和销售管理工作可以使用买点和卖点对它进行"有根有据"的把握。买点和卖点是决定购买倾向的两类因素，它们是VOC的产物，即VOC所接纳的具体价值的体现形式。

消费者购买和使用的是自己认同的"利益"，即消费者买点。而他们的"逐利"行为本身所需要的社会认同则是消费者的卖点。这里所关注的消费者的买点和卖点，主要基于决定人的行为倾向性的两方面因素的考虑。这里考虑的是人的两方面属性：一是人的个体属性，因为任何利益的形成和交换必然涉及一个个具体的个人利益。二是人的社会属性，消费者的具体购买行为往往需要获得必要的社会认同，在很多情况下，消费者获得必要的社会认同，甚至哪怕是别人的赞赏，也是消费者获得自己其他重要利益的重要手段。对于同一消费者来说，买点和卖点可以相同，也可以不同。

兑现性强调的是可以兑现的才是真的可以交换的，这同时也是价值交换的基本原则。任何行为都伴随着相应的行为风险，购买行为也有与其相伴的购买风险。购买风险体现在消费者对买点和卖点的兑现性的认识上。人们将关注其兑现性，这种关注贯穿于客户购前、购中和购后的整个过程。

这里强调的是，在网络营销中，我们可以通过网络来收集消费者在VOC、买点和卖点方面的信息，并且将销售的高兑现性通过更加真实可信的互动方式传递给消费者。当然，有一点值得注意，就是消费者在消费过程结束后，会对产品的真实兑现性有自己的判断和理解，并且会将意见通过网络反馈给更多的潜在消费者，不论是正面还是负面的消费体验，都将通过网络影响其他消费者的消费决策和消费过程。

## 消费者黑箱

何谓黑箱？就是指人们不能或暂时无法分解或剖开，以直接观察其内部结构，或分解、剖开后其结构和功能即遭到破坏的系统。那么什么是消费者黑箱呢？消费者黑箱又称购买者黑箱，是指消费者在受到外部刺激后所进入的心理活动过程。对企业来说，它是一种看不见、摸不着、不透明的东西，因此称之为消费者黑箱。从营销的角度来看，消费者黑箱揭示的是什么人，在什么时间，在什么场合，抱着什么目的去消费什么产品。在产品销售过程中，许多商家虽然知道自己产品的质量、价格以及消费者购买的结果，但是消费者究竟是怎么想的，而且他们的决策过程具体是什么样的，谁也不可能100%知道！

在网络营销中，我们面对的是几亿网民，他们每个人具体需要什么，最喜欢什么，最偏爱什么宣传风格等，都是企业不可能100%掌握的。更重要的是，当这些需求已经达到一定范围，但是却不能被我们已有的营销方案囊括的时候，我们就在面对一个个消费者黑箱。

黑箱概念只有相对的意义，同一系统对不同主体来讲，可能是黑箱，也可能不是黑箱。随着主体认识的提高，黑箱也可转化为灰箱或白箱。这是为什么呢？因为对企业而言，消费者的心理过程是不易捉摸的，而对于企业来讲，对消费者购买行为的分析和研究最重要的恰恰是对消费者黑箱中发生情况的分析与研究，以便安排适当的"市场营销刺激"，从而使消费者产生有利于企业市场营销的反应。

经验表明，消费者黑箱包括两个方面的内容：

①购买者特性，它会影响购买者对外界刺激的反应。

购买者受到的外界刺激主要有两个方面：一是企业所组织的市场营销刺激，这些因素均是可控制的，它们对购买者的"黑箱"能够产生直接而具体的影响；二是其他刺激，如社会的政治法律、经济文化、科学技术，这些因素相对来说属于不可控制的因素，它们是影响购买者"黑箱"的宏观环境，从一定程度上制约着整个消费需求。

②购买者决策过程，它会直接决定购买者的选择（见图1-7）。

购买者反应是外部刺激进入"购买者黑箱"后，购买者对产品、品牌、经销商、购买数量及时间的选择，以满足其消费的需要和欲望。其间购买者应回答购买什么、为何购买、由谁购买、何时购买、何地购买、如何购买等问题。

这些外界刺激会进入"购买者黑箱"，即心理活动过程。由于购买者的心理活动对企业来说是看不见、摸不着、不透明的东西，故称为黑箱。购买者黑箱包括购买者特征和购买决策过程两部分。经过一定的心理过程，就会产生一系列看不见的购买者反应。对企业来说，最重要的是分析和研究在购买者黑箱中发生的情况，即了解受到外部刺激后的购买者的心理活动过程，实现对黑箱的控制。

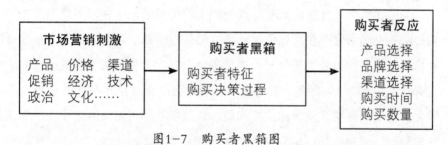

图1-7 购买者黑箱图

营销就是营销主动发起者，采用一定的技巧，传递有关信息，刺激营销对象，使其接受并实施营销内容的活动与过程。营销人员、营销对象、营销客体是现代推销活动中的三个基本要素，也是营销活动得以实现的必要因素。对营销人员来说，营销客体的质量、价格及销售状况都是显而易见的，是"白箱"，而推销对象的心理活动和购买欲望则是难以把握的"购买者黑箱"。只有打开黑箱，营销活动才能得以顺利进展。

专家认为，顾客的购买行为其实是在寻求"净价值最大化"。得到的价值包括形象价值、人员价值、服务价值与产品价值等，付出的成本则包括金钱、时间、精力，甚至包括心理成本。价值与成本之间的差价就是所谓的净价值。

解剖"购买者黑箱"的前提就是要了解顾客所追求的净价值。"购买者黑箱"由两部分构成：一是购买者特征，不同的消费者在文化、社会、个人、心理等属性上有自己的特征，它会影响消费者对外界刺激的反应；二是购买者的决策过程，不同的消费者在确认问题、收集信息、评估方案、做出决策的过程中有不同的表现，会影响购买者的最终决定。打开黑箱需要掌握影响不同购买者决策的各种因素，而这些因素往往是由顾客的文化心理决定的。

## AISAS模式

如果说第一代互联网只是同电视、报纸等传统媒体一样，主要承担着信息发布者的角色，那么网络搜索引擎则提供了与传统媒体完全不同的、主动自发、精准定向的获取信息的可能性。

Web2.0带来了传统媒体无可取代的全新传播理念——以消费者为主体的自传播——消费者不仅可以通过网络主动获取信息，还同时成为发布信息的主体，与更多的消费者来分享，再传播信息。由于将消费者吸引进来的网络工具（如Blog、Wiki、BBS）的崛起，消费者的行为模式和媒体市场也随之变化。营销者需要重新考虑这些问题：在消费者购买商品的过程中，在商品认知阶段，消费者的信息来源是什么？适合的媒体是什么？在理解商品和比较探讨阶段，消费者的信息来源是什么？适合的媒体是什么？在购买商品阶段，消费者的信息来源是什么？适合的媒体是什么？

据电通调查，在商品认知阶段，消费者的信息来源主要是电视、报纸、杂志、户外、互联网等媒体；在理解商品及比较、探讨和决定购买阶段，除了亲临店铺之外，互联网及口碑相传是其主要信息来源与决策依据。媒体市场由之前的扁平式发展，逐渐呈现深度、精准发展的趋势。

针对这种趋势，电通提出了CGM（Consumer Generated Media）消费者发布型媒体概念。所谓CGM，就是以Blog、Wiki、BBS、SNS等为主要形式的个人媒体，不仅有个人信息发布和群体信息共享，还涉及将新闻和企业信息（也包括广告）进行比较讨论等各种各样的传播形式；信息发布由从前的B2C——由商家向消费者发布的模式，转化为"B2C2C2NC"——由商家向消费者发布之后，消费者向消费者发布与共享的模式。

　　这导致营销方式正从传统的AIDMA营销法则（Attention——注意、Interest——兴趣、Desire——欲望、Memory——记忆、Action——行动）逐渐向含有网络特质的AISAS（Attention——注意、Interest——兴趣、Search——搜索、Action——购买、Share——人人分享）转变。AISAS模式是一种全新的消费者行为分析模型，如图1-8所示。

　　在全新的营销法则中，两个具备网络特质的"S"——Search（搜索）、Share（分享）的出现，指出了互联网时代下搜索（Search）和分享（Share）的重要性，而不是一味地向用户进行单向的理念灌输，充分体现了互联网对于人们生活方式和消费行为的影响与改变，而这两个环节都离不开消费者对互联网（包括无线互联网）的应用。

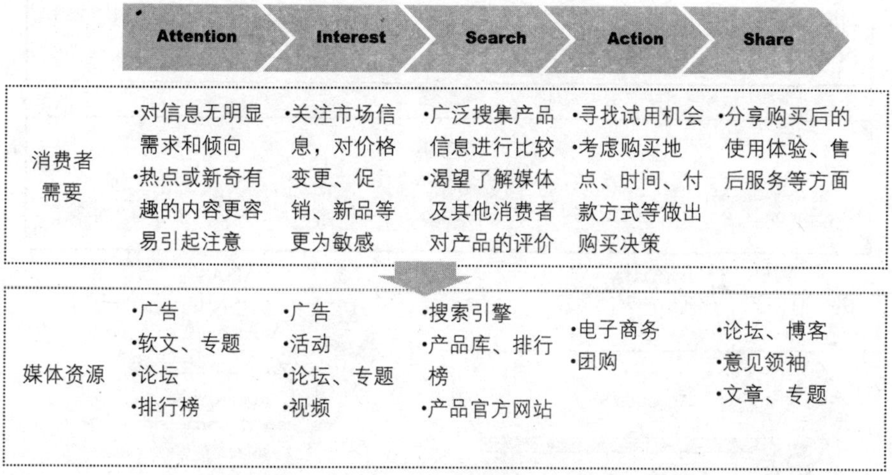

| | Attention | Interest | Search | Action | Share |
|---|---|---|---|---|---|
| 消费者需要 | ·对信息无明显需求和倾向<br>·热点或新奇有趣的内容更容易引起注意 | ·关注市场信息，对价格变更、促销、新品等更为敏感 | ·广泛搜集产品信息进行比较<br>·渴望了解媒体及其他消费者对产品的评价 | ·寻找试用机会<br>·考虑购买地点、时间、付款方式等做出购买决策 | ·分享购买后的使用体验、售后服务等方面 |
| 媒体资源 | ·广告<br>·软文、专题<br>·论坛<br>·排行榜 | ·广告<br>·活动<br>·论坛、专题<br>·视频 | ·搜索引擎<br>·产品库、排行榜<br>·产品官方网站 | ·电子商务<br>·团购 | ·论坛、博客<br>·意见领袖<br>·文章、专题 |

**图1-8　AISAS模式下全新的消费者需要及媒体资源**

　　在介绍AISAS之前我们先了解一下AIDMA模式。

　　AIDMA全称为Attention Interest Desire Memory Action，这五个英文单词的意思分别为"引起注意"、"引起兴趣"、"唤起欲望"、"留下记忆"和"购买行动"，消费者按照这样的流程最终选择购买什么样的物品。按照AIDMA理论，消费者要购买一件物品，首先被商品引起注意，然后产生兴趣，再有购买欲望，然后对商品保留记忆，最后进行购买。但是现在的消费者不会这样做，现在消费者对一个产品发生兴趣，会马上在网上进行检索。

如果在网上获取一些检索信息，可以接受这个产品，可能会马上去买。买完商品以后，消费者会把使用心得放在网上与大家共享。因此，在互联网不断普及的前提下，Search和Share两个部分显得尤为突出。总体来讲，现在的消费者有这样一个动向，如果对一个商品感兴趣，首先在网上搜集信息，购买以后将自己使用的感受发表在网上。也就是说，对商品感兴趣之后会马上在网上进行检索调查，在购买之后也会在网上，比如博客上，把商品的使用意见放上去。某一个消费者像我刚才讲的在网络上面写完一些信息之后，另外一个消费者检索后，又会成为下一个信息源。这个可以是在网上自然出现的口碑，也可以是我们网络营销工作"随风潜入夜，润物细无声"的推动，如图1-9所示。

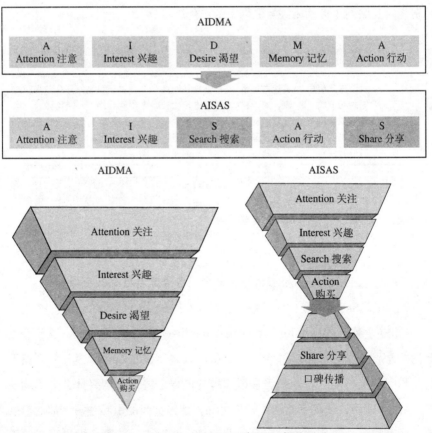

图1-9　AIDMA向AISAS营销方式的转变

## 六度分隔理论

六度分隔理论是20世纪60年代由美国心理学家斯坦利·米尔格莱姆提出的。1969年斯坦利·米尔格莱姆做了一个定量试验：指定一名最终收信人，然后随机派发一定量的邮件给称为发信者的人，请这些发信人通过自己的关系网络传递这封信，并尽最大可能保证这封信递送到指定的最终收信人手中。虽然发信人与最终收信人互不相识，但最终试验证明，所有信件通过平均6次传递，送到了最终收信人处。因此，米尔格莱姆得出结论：你和任何一个陌生人之间所间隔的人不会超过6个，也就是说，最多通过6个人你就能够认识任何一个陌生人。

一般而言，人往往和那些与自己生活工作在同一个小空间的人们发生联系，人们所选的朋友往往也是与自己同龄的人和同民族的人。但是如果朋友住在隔壁，年龄和民族就变得不那么重要了。可见朋友之间的距离比他们拥有的共性显得更为重要。六度分隔理论并不是说每个人和其他人仅存在六步之遥，其实际意义是，有个别一些人与其他所有人相隔仅几步之遥，我们就是通过那几个个别物与世界联系在一起。

微软公司研究人员通过电脑计算证实了六度分隔理论。通过准确计算得出一个惊人的结论：任意两个人之间建立起联系需要6.6人。打个比方说，任何普通人与歌星麦当娜或英国女王伊丽莎白二世取得联系，其实只需要6.6个熟人而已。研究人员首先假定，任何通过微软网络联系对方的两个人相识。他们选取2006年某月中所有使用微软网络的用户地址，计算后得出，78%的用户可与另一用户通过6.6条信息相连。"这一结果真让我震惊。"英国《每日邮报》2010年8月4日援引微软公司研究人员埃里克·霍维茨的话说。微软公司研究人员还发现，这一结果并不受人口增长或信息技术进步等原因影响。

在现实世界中，互联网使全球70亿人构成了六步分离的结构，实现相互关联。举个例子，常常浏览某一在线企业的往往是那些忠实顾客，他们不仅在在线平台上交流沟通，还通过互建链接、E-mail、电话传真和通信地址等方式，为和其他浏览者建立联系埋下了伏笔。这样浏览同一在线企业的人之间相识的概率就远远大于浏览者间相识的随机概率，这也符合社会学中的假设，即认识同一个人的两个人之间相识的概率，要远远大于随机找到的两个人之间相识的概率。

六度分隔理论的营销学意义在于，企业的营销活动，理论上可以通过顾客之间的交流，传递给世界上每一个人，互联网的全球互联性使得这一理论有了实际的营销学意义。具体到实际的应用，那就是利用互联网开展口碑营销。企业将自身的文化、品牌、定位等公司信息、产品信息和服务信息通过网络营销的方式传播出去，企业在保证了产品和服务质量的前提下，有使用经验的消费者会通过口口相传的方式为企业搭建起无限扩张的市场平台。就像六度分割理论说的那样，产品信息在消费者中通过正式和非正式的关系不断传递，最终将扩展到目标市场的各个角落，而潜在市场也将被激活。这里同时也涉及消费者自营销的控制问题，也就是说，在口碑营销过程中，企业并不是完全坐等丰收，而是要监控管理口碑扩散的过程，防止蓄意的负面宣传扰乱甚至打断消费者的口碑传播过程，从而保证口碑传播渠道的顺畅。这个理论同时也为Web2.0时代网络营销"顾客也成为我们营销的实施者"这一论断提供了理论依据。

## 马太效应

网络营销更是遵循"强者愈强，弱者愈弱"的马太效应。

马太效应本来是来自圣经《新约·马太福音》中的一则寓言："凡有的，还要加给他叫他多余；没有的，连他所有的也要夺过来。"在今天的互联网时代，由于网络的快速、无边、互动、虚拟的特性，这个效应更加明显和强烈地显现出来！

品牌需要网络营销，它可以提升品牌的知名度和美誉度。品牌的形成和确立是一个从认识到认知再到认可的过程，最后达到认同的目的。网络营销做与不做、早做晚做、好做歹做、长做短做都会直接影响到品牌和销路。因此，积聚品牌资本是整合营销、创造财富的必由之路。

网络时代，马太效应较之于传统时代，有明显被放大的效果。

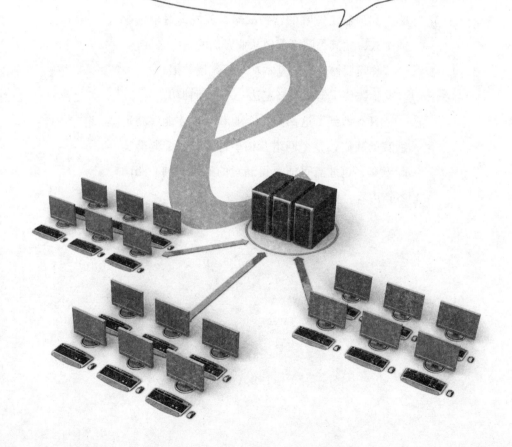

第二章

精准定位——网络营销的战略七巧神功

网络营销已经不可阻挡，当网络营销为越来越多的人、越来越多的企业所认可时，付诸实施便被提上了议事日程。应该制定怎样的营销战略，如何制定适宜的营销战略，就成为每个企业或个人，尤其是网络营销从业者们的重中之重。

　　你需要修炼战略基本功——掌握数据；

　　你需要了解战略制定法——七巧神功。

　　只有做到了这两点，企业和个人才能够制定适宜的战略，整个网络营销事件才具备起码的实际意义，也才有可能赢得满意的效果。细心阅读本章内容，你将受益匪浅。

# 战略基本功：
# 网络营销数据搜索及利用

在这个信息爆炸的年代，如何击中核心数据？在浩如烟海的资料中，如何提炼出自己所需？互联网数据纷杂无序、良莠不齐，如何从中迅速找到权威数据？

以上问题的答案，是我们打出变幻无穷、威力巨大的战略七巧神功的秘诀之所在。修炼任何功夫的首要之举，是将基本功稳扎稳打。而网络营销战略的基本功，就是网络市场调研。可以毫不夸张地说，网络市场调研是网络营销开展的根本依据。它能让企业根据网络数据分析法则，在雾里看花的网络世界中，精准无误地把握数据实质。通过网络定量、定性分析和网络调查等方法，对品牌的网络传播效果进行传播基础数据分析、传播效果对比分析、网络传播成本分析等多方面分析，并依此评估网络口碑营销效果，找出不足和缺陷，有针对性地制定策划方案。

那么，什么是网络市场调研呢？更确切地说，什么是精细化网络市场调研呢？

网络市场调研是指将互联网作为调查的工具，以科学的方法，系统地、有目的地收集、整理、分析和研究所有与市场有关的信息，特别是有关消费者的需求、购买动机和购买行为等方面的市场信息，从而作为进行营销决策的基础。

把握市场调研的核心理念，我们要注意以下几个关键词汇：

①科学的收集方法。

所谓科学的收集方法，是指网络问卷设计、样本抽样、问卷发放与回收等各个环节均具有高度的专业性。

②系统、有目的。

也就是说，市场调研要有目标、有步骤，要有一套完整的系统化措施。

③收集、整理和分析。

完整的市场调研不仅仅是数据的收集，还需要对数据进行整理，同时使用科学的统计方法，进行深度的数据挖掘，短期内能够得出营销调研的有用结果，长期过程中又能形成企业独特、完备的数据库（见表2-1）。

表2-1　市场数据的来源和利用

| 数据来源 | 数据利用 |
| --- | --- |
| 直接资料　　一手数据 | 单次利用　　调研数据分析整理 |
| 简介资料　　二手数据收集 | 长期利用　　企业数据库建设 |

# 一、数据直接来源——网络市场调研

## 1. 网络市场调研概述

数字是不会说谎的，在互联网上根据指数来分析和判断是问题的关键所在。利用各种搜索引擎、行业指数分析，可以帮助企业的品牌拨开云雾，发现问题本质。事实上，网络市场调研在企业网络营销活动中的重要作用显而易见：

①可以把控消费者、竞争者和整个市场的情况。

②是完善营销策略的基础环节，为其提供相对准确的决策依据。

③以便评估和调整营销策略。

④能够引导营销人员做出打动人心的营销方案。

……

类似的重要作用，我们可以举出很多条，可以说，网络营销的每一个步骤，都需要数据的支持。这是让企业的整个网络营销科学系统、严密完整的不二法门！

如今，网络如此普遍，网络上的数据丰富无比。互联网的好处就是，一切皆可统计。在传统渠道，要分析传播效果，必须经过大量的市场调研和统计，得出来的数据还不一定精准。而在网络中，只要方法得当，工具用得好，概率、趋势、数量等，一目了然，而且更新及时。我们可以看到，网络市场调研具有不可比拟的优势，调研效率高、费用低、数据处理方便、不受地理区域限制、快速、形式更加灵活。

那么，网络市场调研是完美无缺的吗？当然不是，在使用网络市场调研时，一定要对其固有的缺点有所认识：

其一，由于网民有较固定的分布特性，因此，网络调研的样本代表性相对较差，如网民中经济收入高、受教育程度高的群体比例相对高，取样时要特别注意网络市场调研在取样时的这个缺陷。

其二，网络的匿名性，使得数据的有效性和可信性降低，在设计网络市场调研的问卷时，应考虑到这些问题，采取一些措施，提高被试者答案的可信度，从而得到更加准确的调研数据。

## 2. 网络市场调研"六步走"（见图2-1）

| 明确调研目标 | → | 选择调查对象 | → | 制定调查计划 | → | 实施调研 | → | 分析信息得出结论 |

图2-1  网络市场调研"六步走"

**明确调研目标**

一些常见的企业网络市场调研目标如表2-2所示：

表2-2  企业网络市场调研目标

| 实际客户和潜在客户 | 竞争者 |
| --- | --- |
| 什么样的客户最有可能购买公司产品或服务<br>实际已有客户的特征怎样<br>产品或服务在网上被查询的情况如何 | 竞争者产品定位如何<br>客户对竞争者的评价<br>竞争者的网络营销现状 |
| **营销沟通** | **产品** |
| 客户对产品的满意度如何<br>现有服务系统存在哪些不足<br>目标客户最容易接触到的媒介方式是什么 | 产品在消费者中的口碑情况<br>产品的核心竞争力表现如何<br>新产品怎样定位 |

**选择调查对象**

调查对象，主要分为以下三类：

①企业产品的目标消费者

②企业的竞争者

③企业合作者和行业中间者

**网络市场调研内容**

网络市场调研包括以下内容：

产品市场及本品牌的基本状况、目前营销状况。

产品的营销状况以及相对竞争者的市场优势与市场障碍。

产品在消费者中的知名度、渗透率、美誉度和忠诚度。

不同层次消费者对本产品的消费观念、消费行为和消费心理特征以及影响他们购买决策的各种因素。

目标地区产品经销商，尤其是本产品经销商对本产品、品牌、经营方式、营销策略的看法、意见与建议。

产品的销售网络状态、销售政策和销售管理状态。

目标市场零售层面的状况，主要包括零售商对其所销售的产品及品牌的看法，消费者对产品及品牌的偏好，过去几年市场的转变以及对市场前景的预测。

媒体发布的相关情况，主要内容包括相关栏目、发布时间、相应费用、覆盖范围及效果测试等内容。

**分析信息，得出结论**

根据市场调研的既定目标，对收集的数据进行整理和分析，得出相应问题的答案。

此处，一个重要的方法是数据挖掘。何为数据挖掘？是指搜索隐藏在大型数据库中的信息。因为市场调研收集来的数据量很大，这些数据，除了能用于回答既定问题外，往往还蕴涵其他重要结论，因此就需要对数据进行深度处理，通过归纳法，找出背后隐藏的数据规律，从而为营销策略提供数据支持。

### 3. 市场调研实战指导

市场调研实战指导主要包括以下四方面：

①不要掉入先入为主的陷阱。

②慎重选择网络调研的调查者。

③具有透过表象看到本质的能力。

④眼光面向全局，深入一线。

# 二、数据间接来源——二手数据利用

除了使用市场调研掌握第一手数据外，另一个非常重要的数据来源就是网络上的二手数据。不可否认的是，在网络上，现在几乎能找到任何想要的信息。

但是，由于网络二手数据资源多而分散，缺乏有效的管理，信息鱼龙混杂，要在浩瀚的信息海洋中找到目标信息，需要了解一些常用的权威数据库（如表2-3所示），有的放矢，这样就能够快速击中目标信息源。

表2-3　我国常用的权威数据库

| 权威调查机构/数据库 | |
| --- | --- |
| 中国互联网络信息中心(CNNIC) | 每年的6月和12月分别发布一次中国互联网统计信息，权威性和客观性是其数据备受赞誉的重要原因 |
| DCCI互联网数据中心 | 涵盖了不同细分市场、不同企业服务、不同用户受众群体的统一研究 |
| 中国期刊网(CNKI) | 学术文献、权威期刊、报纸数据 |
| 实时网络营销数据网站 | |
| 梅花网 | 跨媒体的广告监测数据库，新闻监测平台，市场统计数据库等 |
| 艾瑞调查 | 国内首家新经济门户站点，提供丰富的产业资讯、数据、报告、专家观点、行业数据库 |
| 常用新闻网站 | |
| 新浪网 | 时事的汇集处，新闻更新速度较快，信息面涵盖较宽 |
| 凤凰网 | 对某些时事会有深度报道 |

**建立企业数据库**

一般来说，企业的数据库根据内容，可以分为以下几种类型：

①客户数据库。

②产品或商品数据库。

③其他数据库。

# 战略七巧神功：
# 网络营销战略功谱

事实上，要制定有效的网络营销战略，首先应该从理念上进行革新。网络营销绝不仅仅是"网络上的市场营销"，它的职责不仅仅是在网络上做传播，把某些信息传递给目标客户。它的真正职责更应该是为企业制定网络化形态下的长期营销战略规划。所以在企业内部，网络营销绝不仅仅只是数字营销部门的事情，网络营销战略的制定应该自上而下，数字营销部门需要与产品研发、采购、客户管理、合作伙伴等各利益相关者合作，制定一个企业战略级网络营销方案。

## 第一功：把控内外环境

SWOT分析框架是旧金山大学的管理学教授于20世纪80年代初提出来的（如图2-2所示），该框架指出，应该从Strengths（优势）、Weaknesses（劣势）、Opportunities（机遇）、Threats（挑战）四个角度对企业现在所处的内外部环境进行分析，其中，公司的优势是指在执行策略、完成计划以及达到确立的目标时可以利用的能力、资源以及技能。公司的劣势是指能力和资源方面的缺少或者缺陷。优势和劣势是从企业内部的角度出发，而机遇和挑战是指从企业面临的外部环境出发。经过这四个方面的分析，可以对企业现状有个全面而准确的把握。

图2-2　SWOT分析框架

如何进行营销环境的SWOT分析呢？

**第一步，找到各个关键性要素**

通过各种调查方法，分析内外部的各个因素，包括外部环境因素和内部能力因素，调查和罗列的内容包括：

外部：

与自己相关的互联网发展情况；

政府态度以及与网络营销有关的法律、法规、政策；

网上支付、交易安全状况；

网上渠道资源；

网络营销内容到达顾客的可能性；

目标客户网络使用习惯；

竞争对手网络营销现状。

内部：

网络营销的网站建设情况；

网络营销实施支持系统；

公司经营方式与网络营销的匹配度；

公司内部信息化水平；

网络营销人才队伍；

公司内部网络营销的意识水平；

公司产品与网络营销的关联度。

### 第二步，构造SWOT矩阵

这一步是对相关的因素进行分析，即把相关因素对应到自己公司，判断每个因素是优势还是劣势，是机会还是威胁，从而构造属于自己的独特的SWOT矩阵。需要注意的是，这一步不仅要区分出劣势、优势、机会和威胁，还应该对它们的轻重缓急或重要程度进行区分，不一定要用具体数字进行表达，可以简单区分为核心要素、一般要素和边缘要素三类。

不同的公司，自己的优劣势及面对的机会和挑战是不一样的，比如，信息化水平高、有专业的网络营销人才队伍是某公司开展网络营销的优势，而网络营销意识水平低，没有相应的网络营销渠道就可能是另一家公司进行网络营销的劣势。同样一种外部环境，对于不同的公司，可能是威胁，也可能是机会。最关键的是，内部的优势和外部的机会可以很好地契合，公司有能力抓住外部机会，发展自身。

### 第三步，制订行动计划

这一步，是根据第二步构造的SWOT矩阵，制订相应的行动计划。计划制订的基本思路是：要发挥公司的优势，避开或者克服劣势；利用环境中的机会因素，化解或规避威胁因素。根据不同的组合，有以下几种常见对策：

WT策略，即考虑劣势和威胁因素，目的是努力使这些因素趋于最小。

WO策略，即着重考虑劣势和机会因素，目的是努力使劣势趋于最小，使机会趋于最大。

ST策略，即着重考虑优势因素和威胁因素，目的是努力使优势因素趋于最大，使威胁因素趋于最小。

SO策略，即着重考虑优势因素和机会因素，目的在于努力使这两种因素都趋于最大。

其中，WT是在最困难的情况下不得不采取的对策；WO和ST是一般情况下采取的对策；SO是公司最愿意追求的对策，是在公司运行良好的情况下，自身优势和外部机会的有机结合，能够使公司的优势效用达到最大化。

在分析内部优势和劣势时，企业一定要分析自己的业务是否适合通过网络营销来做，自己在网络营销方面的核心竞争力在哪，应该通过什么方式开展网络营销。要回答这些问题，首先要对目前网络营销的主流模式做一个系统的梳理分析。目前网络营销主要有以下4种模式：

**第一种是网络销售**。采用这种模式时，企业是想借助网络直接实现销售成交，或者在网上开展网络分销。网络销售和线下原有渠道或终端的融合需要特别注意，如果两者存在冲突的话，要合理解决这种冲突。

CNNIC的调查统计结果显示，适合做互联网销售的产品或服务具有以下特点：

①质量稳定

②已有使用体验

③时尚性

④物流方便

⑤产品目标市场的适网性

企业要慎重决定是否自建B2C网络平台。如果原来是做流通类的企业，并且业绩不错，那可以建设一个行业B2C门户网站；如果企业品牌知名度高、资金实力强大，可以考虑建立自己的B2C网络平台，如Dell的网上销售系统。但是对于一般的厂商，其品牌较为单一，产品种类较少，所以网站平台的受众群体小，推广难度大。此外，独立B2C的整体运营费用投入巨大，一般企业无法承担如此巨额的投入。这时企业可以选择依托淘宝、拍拍、卓越等平台，这些平台聚合了网络购物的大部分流量，并且这些平台提供了大量的工具，简化了操作，降低了投入，提高了效率。

这一类模式的核心是销售转化率，从产品质量、产品规划、品牌规划、网站平台生动化、商品运营、促销活动、网络传播推广、仓储物流配送、财务评估等全方位地规划好，即是从供应链整体提升，才能取得好的效果。

**第二种是招商加盟**。项目连锁加盟型企业，或者通过网络营销来寻找联系目标客户做对外贸易等企业，又或者是原来做消费品类分销的传统企业，可以利用网络来找代理商、批发商、经销商和销售商。

该模式的核心是网站、网站推广和线下销售。网站的销售力、客户体验情况都决定了最终的转化率。该模式可以采用立足搜索引擎，寻找目标客户圈子主动传播推广，借助行业平台或者B2B平台这三种网络传播策略。

**第三种是线上沟通与线下成交相结合。**在这种模式中，网络只能提供意向客户的联系资料并给客户留下良好的形象，成交需要投资顾问线下多次接触沟通和后续多个部门的服务。

该模式在形式上和策略上都和招商加盟或者贸易批发模式有点类似，因此这种模式的网络营销核心也是网站转化，传播策略是立足搜索引擎和行业圈子。

此模式和招商加盟模式有一个最大区别：招商加盟的对象不是最终使用者，并且之后一般有多次销售，目标对象的目的是赚钱；而该模式的目标对象不管是企业还是个人，都是最终使用者，虽然有后续服务，但一般是一次销售，有的类型有重复购买或者转介绍购买。

一般来说，提供中介服务、直接服务和大宗工业品的销售采购等类型的传统企业都属于该类型。

**第四种是品牌传播推广。**选择该模式，主要是出于企业自身的某种考虑或者线上难成交等原因，企业把网络当做媒体来对待，而不是当做一个电子商务平台来看待，主要目的是通过网站传播品牌价值以及辅助线下销售。该模式主要通过门户平台广告、互动活动、话题炒作或者博客、SNS、微博等工具和方法来扩大品牌影响力。网络是有别于传统媒介的全新媒介平台，互动和话题是网络传播的核心，深入研究网民心理和网络文化是该模式的核心。一般大众消费品企业都适合该模式，比如汽车厂商，众所周知的王老吉等。

传统企业需要结合自身特点，充分考虑各种因素，事前做好网络营销策划，从项目规划、策略规划、创意发散等方面全面权衡、综合统筹，明确自己究竟需要利用网络达到什么目的，然后构建适合自己的网络营销系统。只有这样才能真正驰骋网络，借助网络获得成功。

## 第二功：精准市场定位

在明确了企业面临的内外部环境及优势和劣势后，下一步要做的是，精准定位公司的目标市场。为什么要精准定位呢？因为一个企业，无论有多优秀，都不可能同时囊括所有买主，一定要根据企业的资源状况，找到最适宜企业战略和最能发挥企业优势的客户群，从而实现客户价值的最大化。

首先对网络营销对象进行分析（见图2-3）。这一步使用来自权威网络数字中心的宏观数据，如CNNIC。按照以下指标对网络营销对象进行分析，可以对网络营销对象的分布情况有个大致的了解。

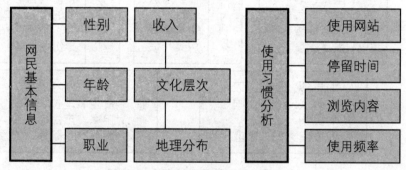

图2-3 网络营销对象分析指标

以上这些指标是把握网民行为基本情况的必需指标，除此之外，目标市场客户应用网络的比率，无疑是一个非常重要的参数。假若目标市场的客户基本不使用网络，那在网络上营销显然是不值得的。

通过对网民的情况进行以上方面的分析，可以了解网民的网络使用情况和行为习惯。有时候也可以通过网民对时事及热点问题的看法和倾向，为企业针对目标客户群选择有效的网络营销方式。

### 1.市场细分

细分和量化是营销的两个基本要求，它们可以将营销精准化。在网络营销时代，人们的信息传播方式已经发生了根本的改变。当今，我们已经进入到"碎片化"的媒介融合时代。在"碎片化"的媒介时代，精准营销是否还能实现？事实上，在碎片化的媒体营销环境下，网民进入互联网入口的增多，给精准营销带来了更多的机会。在这样一个时代背景下，做好网络营销的市场细分，尤为重要。

如今，网络营销的基本情况是：买方市场形成，网络高速发展，网民对于产品的需求更加个性化，网民行为和需求多元化，购买行为复杂化。根据以上分析，这些基本现状都说明在网络营销中进行市场细分具有高度的必要性。

①市场细分的依据。

市场细分的依据核心是顾客的需求，一些常见的市场细分的依据见图2-4。

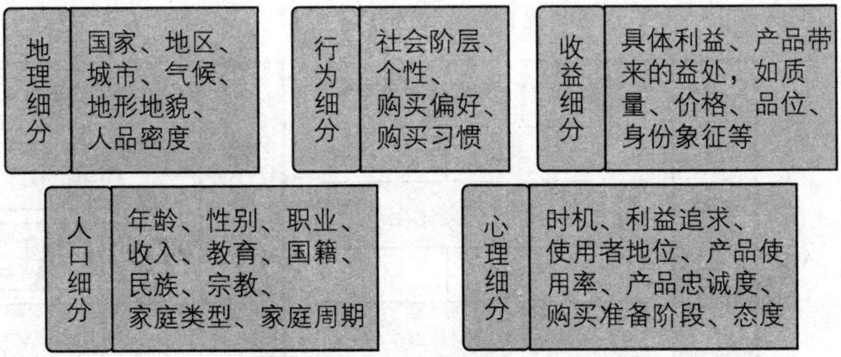

| 地理细分 | 国家、地区、城市、气候、地形地貌、人品密度 | 行为细分 | 社会阶层、个性、购买偏好、购买习惯 | 收益细分 | 具体利益、产品带来的益处，如质量、价格、品位、身份象征等 |
|---|---|---|---|---|---|
| 人口细分 | 年龄、性别、职业、收入、教育、国籍、民族、宗教、家庭类型、家庭周期 | 心理细分 | 时机、利益追求、使用者地位、产品使用率、产品忠诚度、购买准备阶段、态度 | | |

**图2-4 常见的市场细分依据**

②市场细分的几个重要原则。

**可衡量原则**：细分市场，消费者对商品的需求差异能明确加以反映、说明和界定，细分市场的范围、增长潜力、盈利能力等指标也能定量地加以描述。

**可占据性原则**：企业可以利用现有条件进军目标细分市场。

**相对稳定性**：企业在占领目标市场后，要能保证企业在相当长的一个时期内，经营上具有高度的稳定性，这样才能避免目标市场变动过快给企业带来的风险和损失，也能保证企业取得较为长期的利润。

**可营利性**：细分市场的规模、发展潜力、购买力等都要达到一定水平，才能保证企业进入这个市场后有一定水平的销售额。

③市场细分的步骤（见图2-5）。

**明确一些基本的情况**

需要明确的内容包括：
消费者对企业的产品或服务的了解度如何，忠诚度如何，评价如何？
进行市场细分的目的是什么？是增加现有客户的忠诚度，还是吸引新的顾客？
公司管理者对现有市场结构的看法是怎样的？是长期战略还是短期规划？

**确定市场细分的依据**

这一步非常重要。必须包括的依据有顾客的购买习惯、较为长期和固定的消费模式等。此外，可从地理、人口、心理等方面列出影响产品市场需求和顾客购买行为的各项变数。
通常，选择大约20个市场细分的依据就可以了。

**收集数据**

在网络营销中，数据收集并不是什么难事，可以使用前文提到的直接和间接两种方式去收集相关数据。

**分析数据**

常用的数据分析方法有回归分析、判别分析、聚类分析和时间序列分析。
每种分析方法都有专门的用处：
回归分析用于估计或预测产品的需求和走势；
判别分析用于判断产品是畅销的、销量一般的还是滞销的；
聚类分析用于研究一类事物的规律现象；
时间序列分析可反映三种实际变化规律：趋势变化、周期性变化、随机性变化。
需要注意的是，这些分析方法通常不能得到一个100%的答案，而是会呈现出对不同角度进行解读的答案。

**描述细分市场结构**

对细分市场进行简单明了的描述，包括以下内容：
细分市场的名称；
细分市场的独特性及其形成原因；
细分市场中消费群体的描述；
4P（产品、价格、渠道和促销）方面的相关信息。

图2-5 市场细分的步骤

### 2. 目标市场定位

所谓目标市场定位，是指通过策划和开展营销活动，运用各种网络媒体的推广形式，为品牌创造一种个性化的差异，使企业产品在顾客心目中形成独特印象，从而争取目标消费群体的认同和忠诚度，最终形成企业独一无二、不可替代的竞争优势。这一过程要以现实条件为基础，如产品性质、企业资源情况等对产品营销成败有重要影响的各关键要素等。

市场定位的基本原则，是使企业的产品在顾客心目中占据有利地位，形成良性印象。因此，把握网民的消费心理是市场定位的基本出发点，根据网民的心理，使用正确而高效的手段把企业独特的产品定位传播给目标网民。另外，也要关注企业的产品本身，关注品牌本身具有的独特功能和效用是什么。顾客对品牌的心理定位与相应产品的功能相匹配，定位才能取得成功。

①定位类型。

定位是整个网络营销的基础，由此决定网页的内容和营销形式，营销的产品、服务通过网页实现，网页建设的质量则直接影响营销方式成功与否。

网络营销中常用的定位策略和传统的市场营销中使用的策略是类似的，大体上主要分为差异化和价格定位两种方式。

差异化的策略总体上来说就是要突出产品的差异和特别之处，吸引目标顾客的眼球，激发其购买欲望。差异化可以从很多角度去解读，下面列出一些常见的差异化定位方法见图2-6。

| 专业定位 |
| --- |
| 专业定位主要是通过自己的专业知识来留住顾客，以优质的产品和专业的服务为竞争点进行定位。这种定位的网上营销主要通过宣传向顾客充分展示产品或服务的专业性。专业化的产品生产和服务能让消费者产生信任，还能塑造品牌形象，从而可以让商家有资本定高出市场的价格。<br>比如某些美容达人分享自己的美容心得，从而吸引目标客户。 |

| 个性化定位 |
| --- |
| 个性化定位是指企业产品在消费者心目中具有独特的个性，具有鲜明个性的产品容易被消费者记住。 |

**附加值定位**

附加值定位是指通过提供商品以外的服务来打动顾客。
比如淘宝网店给买家提供一些小礼品，卖服装的附加提供形象设计，卖儿童营养品的附加提供育儿常识培训等。

**产品差异化定位**

即是从产品的相关方面入手，实现差异化。比如高于竞争对手的高质量、经典的产品款式、特别的用料、独特的技术创新等。
比如苹果的产品具有独特的外观、优质的用料，Thinkpad拥有独特的技术。

**服务差异化定位**

该定位方法是通过向客户提供具有绝对区分度的优质服务。
如人类已经无法阻止的海底捞，以其完美的服务赢得市场份额。

**渠道差异化定位**

网络上，顾客可以在任何时候订购任何东西，只要他们能够上网。企业也可以安排将货物运送到世界上的任何角落，只要运输系统覆盖到那个地方。因此，广覆盖的密集型送货渠道，可以成为企业独特的定位和竞争优势。比如凡客开通了属于自己的送货渠道，免去了网上顾客的邮费，使其拥有了快速的送货速度，而顾客会觉得将所有钱都是用于买商品，无须承担邮费，购买体验更加愉快。

**价格定位**

价格定位，顾名思义，是以价格为出发点进行定位，其目的是在同样的条件下比竞争者定出更低的价格，以价格来打动、吸引顾客。

图2-6  常见的差异化定位方法（续）

②定位方法。

定位最重要的是找到产品特性和目标市场的契合点，能够有效地利用产品的特性满足目标市场的需求，从而获得营销的成功（见图2-7）。

图2-7  产品特性与用户需求的关系

所以，进行成功的定位，分析产品特性及竞争优势，市场细分就是基础性工作。当得到两方面的信息和结论后，提炼产品卖点，精确化目标市场需求，找到嫁接产品与目标客户的关键词，从而找到两者的契合处，将之作为产品的定位，就能够在更大概率上获得营销成功。

## 第三功：设定营销目标

在对企业内外部面临的优势和劣势有了整体上的把握，并且对市场进行了细分，找到了企业的目标市场和差异化策略后，企业就应该设定自己网络营销整体上的目标了。

与传统营销一样，网上营销也须避免盲目，应有相应的营销目标。网上营销的目标，一方面，在总体上应与现实中营销目标一致，包括增加销售额、提高市场占有率和顾客满意度等；另一方面，由于网络面对的市场客户有其独到之处，且网络的应用不同于一般营销所采用的各种手段与媒体，因此具体的网上市场目标确定应稍有不同，比如网络营销是通过网络空间的双向交流实现的，在网络上可以和客户建立一对一的关系，并且实现实时的互动。

企业要根据自身的特点与目标顾客的需求特性，设定合理的网络营销目标。网络营销的目标包括财务目标和消费者相关目标。

### 1. 财务方面的目标

设定财务目标时，企业往往要利用会计数据，通过对以往数据和外来预期的分析，对财务目标做出尽可能准确的预测，最常用的财务方面的目标是销售额、利润率和市场占有率。财务方面的目标是企业赖以生存和壮大的最基本土壤，是一切网络营销活动的初始动力，也是企业营销活动的根本出发点和追求目标。

### 2. 消费者相关目标

与消费者相关的目标，按照消费者介入程度的高低，可以分为四个层次：
①吸引注意力，刺激消费。
这是网络营销第一层次的目标。这一层次的目标，是寻找有价值的顾

客，吸引他们购买商品。

如何能够吸引目标客户的注意力呢？就是让目标客户可以接触到产品信息，知道企业的产品可以满足自己的需求，从而做出购买行为。

②留住顾客。

这一层的目标是更多地留住顾客，现代营销学中，一个普遍的观点是，留住一个老顾客相当于争取五个新的顾客。

利用网络对顾客的消费偏好进行记录，对顾客的需求进行个性化分析，网络营销能够更大程度地实现个性化服务，通过这些个性化的服务，可以更好地留住顾客。另外，优质的产品也是留住顾客的核心要素，质量、功能、售后等，都是是否能留住顾客的关键因素。

③提高重复购买率。

这一层的目标主要是提高顾客的重复购买率和品牌忠诚度，高忠诚度的顾客不仅自己会重复多次购买企业的产品，还会主动为企业进行口碑营销，从而为企业带来新的顾客。

一方面，可以通过让消费者更加深入营销过程，给顾客提供一些参与性的活动，比如免费试穿、试吃，将企业的产品营销做成轻松的小游戏，参观企业等，让顾客对企业的认知更加立体和完整，从而提高其品牌忠诚度。另一方面，蕴涵在产品内部的核心价值一定要与顾客的内在需求相契合，能够给顾客带来最大量的价值体验，从而形成对企业产品的高忠诚度。

④提高品牌知名度。

这一层次的营销目标是网络营销的最高层次目标，网络营销的活动不仅仅针对单个消费者，或者仅仅是提高品牌认可度，而且要营销企业的品牌，整体上提高企业品牌的知名度。

## 第四功：完善营销策略

网络营销与传统市场营销一样，也需要完善而又具体的网络营销策略。制定网络营销具体营销策略时，首先应注意营销策略的出发点。在传统营销领域，营销的理念发生了质的变化，从最初的4P到4C，再到现在的4R，蕴涵的是网络营销理念的更迭。

4P：Product（产品）、Price（价格）、Place（渠道）、Promotion（促销）

4C：Customer(顾客)、Cost(成本)、Convenience(便利)和Communication(沟通)

4R：Relevance(关联)、Reaction(反应)、Relationship(关系)和Reward(回报)

类似地，网络营销也需要从消费者的需求出发，营销的决策（4P）是在满足4C和4R要求的前提下制定的，其最终目的是消费者需求的满足和企业利润的最大化。在这种新营销模式之下，企业和客户之间的关系变得非常紧密，甚至牢不可破，这就形成了"一对一"的营销关系，始终体现以客户为出发点及企业和客户不断交互的特点。

## 1. 网络营销产品策略

与传统营销一样，网络营销的目的也是给顾客提供满意的产品和服务。但是与传统营销相比，网络营销的产品有一些自己独有的特征，比如产品的质量、包装和直观感受不能直接接触，比较难以获得消费者的信任。因此，网络营销的产品策略会与传统营销方式有所差别。

网络产品是指企业在网络营销过程中为满足网络消费者的某种欲望和需要而提供给他们的企业网站、相关资讯、企业生产的产品与服务的总和。

可以从企业的网络营销过程来对网络产品进行层次区分。开展网络营销的企业，必然有实体的产品或服务，而展示实体产品或服务，必然要加上相关的产品或服务的资讯，展示这些实体产品或服务和资讯都要借助网站平台来实现。因此，网络产品是基于网站平台的实体产品和资讯产品的总和。其中，实体产品或服务是企业进行网络营销的基础，资讯产品衍生于实体产品，网站产品则是承载以上两者的平台。

这里所界定的实体产品既包含了有形的产品，又包含了无形的服务，是开展网络营销的企业在互联网上销售的没有进行信息延伸的企业的原始产品，包括硬体商品(Hard goods)、软体商品(Soft goods)和在线服务(On-line service)。

资讯产品是指在网络营销过程中，为满足顾客的需要，以网络为渠道提供的一切信息的总和，它或是对网络实体产品的信息化包装和延伸的数字产品，或是一种纯粹的信息提供。它不仅包含产品的多媒体广告、相关行业信息、产品的附加增值信息，还包括信息资讯服务、客户或网络消费者相互交流的信息等。

网站产品是企业为推广整体的企业形象和发布产品信息而开发的满足网络消费者全方位消费需求的产品，它既包括实体产品又包括资讯产品，是两者有机组合的产物。

理解了网络产品的层次，才能清楚理解网络营销的产品策略以及其与网络营销的产品策略之间的关系。

## 2. 网络营销的渠道策略

凡是接触过营销和市场或是在生意场上打拼的人都会知道这样一个事实：渠道非常重要！尽管存在诸多争议，但营销界大多数人都或多或少承认，渠道是现代营销中至关重要的一个方面。营销渠道就是商品和服务从生产者到达消费者的具体通道或途径，它是一整套相互依存的机构，涉及信息沟通、资金转移和事物转移等，主要作用是有效地把产品及时地提供给消费者，满足消费者的需求。

网络营销渠道的作用是多方面的，是信息发布的渠道，是销售产品、提供服务的快捷途径，是企业开展商务活动的场所。

## 3. 网络营销个性化服务

现在的顾客需要的是个性化服务，所谓个性化服务，也叫定制服务，就是按照客户，特别是一般消费者的要求提供特定服务，亦即满足消费者个别的需求。网络能够给顾客提供全天候、即时和互动的服务，从而成为企业为顾客提供个性化服务非常实用的工具。

个性化服务包括以下三方面：

①服务时空的个性化——在人们希望的时间和希望的地点得到服务。

②服务方式的个性化——能根据个人爱好或特色来进行服务。

③服务内容个性化——不再是千篇一律，千人一面，而是各取所需，各得其所。

目前网上提供的定制服务，就是网站经营者根据受众在需求上存在的差异，将信息或服务化整为零或提供定时定量服务，让受众根据自己的喜好去选择和组配，从而使网站在为大多数受众服务的同时，变成能够一对一地满足受众特殊需求的市场营销工具。个性化服务则截然不同，它改变了传统信息服务"我提供什么，用户接受什么"的传统方式，变成了"用户需要什么，我提供什么"的个性化方式。个性化服务要求我们必须获得客户信息，与客户双向沟通，了解客户的需求和爱好，将公司的服务个性化、私人化，从而增强客户对网站的凝聚力，使企业和客户保持更为紧密的联系，以实现对客户的有效控制。实现个性化服务的措施有：个性化的咨询服务、礼品、提示服务；客户分组、公告牌、聊天室；个人化网页、虚拟会议室产品定制、提供个性化及人性化产品和服务；建立双向沟通交流机制；为客户提供更多资讯、共享的招聘启事等。

与客户保持联系。CRM并非仅仅满足客户的一次性需求，而是要同客户保持长期的业务关系。主动与客户沟通，提供便利的反馈通道，鼓励客户主动反馈信息，认真处理客户的抱怨，满足客户需要，当其再次购买企业产品或服务时，节省客户的时间和精力成本，从而不断提高客户的满意度和忠诚度，获得和保留稳定的客户，使竞争对手难以模仿和替代。

重视客户的个性化特征，实现"一对一营销"。从理论上讲，每个客户的需求都具有唯一性，呈现出个性化的特点。为了达到这一点，可以将其视为细分的市场，对每一位客户实行"一对一营销"的方式，与每一个客户建立一种学习型关系，更贴切地理解其需求，并创造出良好的需求实现过程。根据客户提出的要求，要不断地改善产品和服务，最大限度地实现客户价值，不断提升客户关系，最终赢得客户的忠诚。

## 第五功：组合营销方式

经过以上步骤，企业在网络营销的战略方面已经理清了企业面临的内外环境中的优势和劣势，找到了企业所要面对的目标客户，确定了企业的差异化策略，明确了企业的网络营销细化战略措施。下一步，就是要选择合适的网络营销方式，将企业的网络营销战略落实，具体开展企业的网络营销。

组合营销方式的最主要目的是使目标客户对于信息的接触度达到最大化，因此，选择合适的营销方式非常重要。如何选择正确的营销方式，来全力支持企业的网络营销战略？如何使得网络营销方式能够和企业的网络营销战略完全契合？

### 1. 主要营销方式及其主要特点

要想选择合适的营销方式，首先要了解有哪些营销方式，并且深入理解这些营销方式。下一章会专门详细介绍各种营销方法的特点、应用现状等，此处，仅提炼出各个营销方式的最核心特点（见图2-8）。

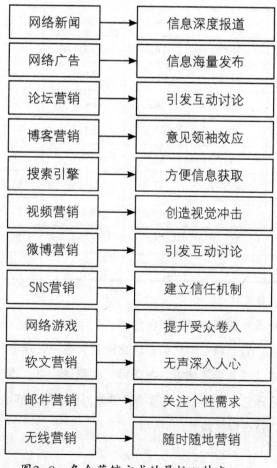

| 网络新闻 | → | 信息深度报道 |
| 网络广告 | → | 信息海量发布 |
| 论坛营销 | → | 引发互动讨论 |
| 博客营销 | → | 意见领袖效应 |
| 搜索引擎 | → | 方便信息获取 |
| 视频营销 | → | 创造视觉冲击 |
| 微博营销 | → | 引发互动讨论 |
| SNS营销 | → | 建立信任机制 |
| 网络游戏 | → | 提升受众卷入 |
| 软文营销 | → | 无声深入人心 |
| 邮件营销 | → | 关注个性需求 |
| 无线营销 | → | 随时随地营销 |

图2-8 各个营销方式的最核心特点

## 2. 营销方式选择的依据

选择合适的网络营销方式,首先要从宏观上把握各个营销方式现在在人群中的受欢迎程度。也要从宏观上把握各个营销方式的走向,从而把握营销方式流行前沿,能够洞悉其中蕴涵的营销契机。

在CNNIC的第28次中国互联网调查报告中,各类网络营销方式的使用率和增长率如表2-4所示:

表2-4 各类网络营销方式的使用率和增长率

| 应用 | 2011年6月 | | 2010年12月 | | |
| --- | --- | --- | --- | --- | --- |
| | 用户规模/万 | 使用率/% | 用户规模/万 | 使用率/% | 半年增长率/% |
| 搜索引擎 | 38606 | 79.6 | 37453 | 81.9 | 3.1 |
| 即时通信 | 38509 | 79.4 | 35258 | 77.1 | 9.2 |
| 网络新闻 | 36230 | 74.7 | 35304 | 77.2 | 2.6 |
| 博客/个人空间 | 31768 | 65.5 | 29450 | 64.4 | 7.9 |
| 网络游戏 | 31137 | 64.2 | 30410 | 66.5 | 2.4 |
| 网络视频 | 30119 | 62.1 | 28398 | 62.1 | 6.1 |
| 电子邮件 | 25172 | 51.9 | 24969 | 54.6 | 0.8 |
| 社交网站 | 22989 | 47.4 | 23505 | 51.4 | −2.2 |
| 微博 | 19497 | 40.2 | 6311 | 13.8 | 208.9 |
| 网络购物 | 17266 | 35.6 | 16051 | 35.1 | 7.6 |
| 论坛/BBS | 14405 | 29.7 | 14817 | 32.4 | −2.8 |

①网民的群体特点。

网络营销面对的受众是形形色色的,在年龄、收入、消费模式上千差万别,各有特色。做到精准地将信息传达给目标客户,是非常重要的。所以,选择营销方式的很重要的依据,就是网民的群体特点。通过网络应用对网民进行群体细分研究,能够为网络营销提供更为精准的人群定位。

七大群体特征指数如表2-5所示:

表2-5 七大群体特征指数

| 应用 | 非主流网游群 | 网络依赖群 | 基础应用群 | 自我展示群 | 网络商务群 | 网络浅尝者 | 网络社交群 | 总体平均水平 |
|---|---|---|---|---|---|---|---|---|
| 搜索引擎 | 66 | 136 | 134 | 44 | 114 | 87 | 127 | 100 |
| 电子邮件 | 36 | 164 | 143 | 34 | 136 | 72 | 151 | 100 |
| 即时通信 | 68 | 126 | 130 | 79 | 115 | 75 | 123 | 100 |
| 拥有博客 | 0 | 144 | 166 | 184 | 106 | 1 | 149 | 100 |
| 访问论坛 | 32 | 326 | 80 | 29 | 1 | 38 | 253 | 100 |
| 交友网站 | 50 | 167 | 56 | 63 | 124 | 34 | 313 | 100 |
| 网络游戏 | 159 | 114 | 107 | 113 | 106 | 0 | 121 | 100 |
| 网络购物 | 28 | 352 | 61 | 36 | 319 | 53 | 64 | 100 |
| 网上卖东西 | 21 | 467 | 42 | 38 | 249 | 26 | 89 | 100 |
| 网络炒股 | 67 | 237 | 60 | 33 | 256 | 77 | 114 | 100 |
| 网上预订 | 43 | 331 | 57 | 40 | 239 | 42 | 131 | 100 |

为更深入分析各个群体，需要测算出他们网络应用的使用数量和在互联网上的时间花费（见图2-9和图2-10）。

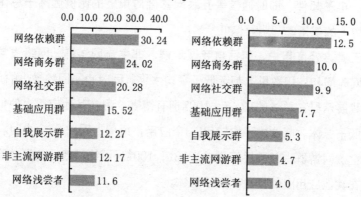

图2-9 各群体平均每周在网上花费的时间（小时）

图2-10 各群体使用的网络应用数量（个）

将以上两图结合起来分析，可以清晰地将网民群体根据应用程度区分为三类：

第一类是重度用户，包括网络依赖群、网络商务群、网络社交群。重度用户无论是使用的网络应用数量还是上网时长都远高于网民总体的平均水平。

网络依赖群占网民总规模的近11%，他们在各种网络应用上的群体特征值都高于总体平均水平，使用的网络应用最多，每周上网时间也是最长的。他们是互联网最忠实的用户。

网络商务群占网民总体的6.7%，是网民中最小的一个群体。这一群体与网络依赖群比较接近，但是上网时长、网络应用数量都远低于网络依赖群，在应用上的一个重大区别在于此群体几乎不访问论坛。他们在在线炒股、电子商务、旅行预订等应用上的特征明显强于搜索引擎、即时通信、电子邮件等基础应用。

网络社交群占网民总体的12.3%，他们在具有社交特征的应用上的比例明显高于其他群体，在博客、即时通信、论坛/BBS、交友网站等社区类网络应用上的渗透率明显偏高。

第二类，中度用户。中度用户的网络应用数量和上网时长与总体水平接近，从使用的网络应用来判断，他们是轻度用户向重度用户的过渡群体。基础应用群在网民总体中所占比重达到21.5%，是最大的一个群体。此群体在搜索引擎、电子邮件、即时通信等互联网基础应用上的比例远高于总体水平，其他应用上的使用率却明显偏低。

第三类，轻度用户，包括自我展示群、非主流网游群、网络浅尝者，他们在上网时间和应用数量上都远低于平均水平，同时也是网龄最小的用户。

自我展示群占总体的12.6%，100%拥有博客，但在其他应用上他们的使用率明显低于总体。此群体平均使用5.3个应用，每周上网12.27个小时。

非主流网游群占总网民规模的近18%，100%玩网络游戏，此群体除了游戏之外，在其他应用上的指数都低于总体。

网络浅尝者占总体的18.2%，是规模仅次于基础应用群的一个群体。此群体在各个应用上的群体特征都不突出，他们上网时间最少，使用的网络应用数量最少。同时，他们也是网龄最短的群体，不过却是平均年龄最大的群体，平均年龄达到32岁。此群体显示了互联网向高年龄群体的扩张。

当然，对网民进行区分还可以使用其他标准，比如CNNIC还按照网民的人口特征分析了互联网应用在重点群体中的普及率，得到的分析结果如表2-6所示：

表2-6 互联网应用在重点群体中的普及率

| 项目 | 群体 | 中小学生/% | 大学生/% | 办公室职员/% | 农村外出务工人员/% | 总体/% |
|---|---|---|---|---|---|---|
| 网络媒体 | 网络新闻 | 68.1 | 89.9 | 83.1 | 73.4 | 78.5 |
| 信息检索 | 搜索引擎 | 63.5 | 84.4 | 71.9 | 56.6 | 68.0 |
| | 网络招聘 | 8.9 | 29.5 | 23.0 | 23.7 | 18.6 |
| 网络通讯 | 电子邮件 | 52.2 | 81.4 | 60.4 | 38.9 | 56.8 |
| | 即时通信 | 77.5 | 91.1 | 75.0 | 66.5 | 75.3 |
| 网络社区 | 拥有博客 | 64.0 | 81.4 | 50.9 | 43.1 | 54.3 |
| | 论坛/BBS | 24.1 | 55.5 | 34.6 | 17.2 | 30.7 |
| | 交友网站 | 16.8 | 26.0 | 20.2 | 18.2 | 19.3 |
| 网络娱乐 | 网络音乐 | 86.9 | 94.0 | 83.3 | 78.4 | 83.7 |
| | 网络视频 | 67.4 | 84.4 | 68.1 | 57.3 | 67.7 |
| | 网络游戏 | 69.7 | 64.2 | 60.6 | 55.5 | 62.8 |
| 电子商务 | 网络购物 | 16.2 | 38.8 | 29.4 | 11.7 | 24.8 |
| | 网上卖东西 | 2.1 | 5.2 | 4.4 | 0.8 | 3.7 |
| | 网上支付 | 9.6 | 30.5 | 22.4 | 7.9 | 17.6 |
| | 旅行预订 | 2.0 | 6.8 | 6.8 | 2.5 | 5.6 |
| 其他 | 网上银行 | 7.7 | 29.9 | 25.5 | 7.4 | 19.3 |
| | 网络炒股 | 4.7 | 4.7 | 15.5 | 4.1 | 11.4 |
| | 网上教育 | 16.2 | 25.6 | 17.3 | 7.8 | 16.5 |

②营销方式开展所需时间。

除了用户的特征，选择营销方式的另一个非常重要的依据是营销方式开展的时间线。即每种营销方式所花费的时间多少。按照各个营销方式的时间投入量，可以将营销方式分为：

A. 即时类。

B. 长期投入类。

C. 前期投入类。

③企业类型。

企业的规模不同、行业不同，适合的网络营销方式也有所区别。

## 第六功：网络舆情监控

由于网络上每一个人都有发言权，开放的网络系统和便捷的接入方式，使得网络上的环境相对开放，言论很自由。在这样一种情况下，如果企业遭遇到恶意竞争的对手，对手在网络上散布对企业形象有摧毁性的消息，对企业的形象进行诋毁。这样的恶意事件对于企业形象具有强大的杀伤力，因此，对网络营销的进程和实施过程进行有效的监控，就非常有必要。

比如尔玛（中国）互动营销公司自主研发了第二代在线舆情监测系统——灵准监测系统。所谓网络舆情监控，是网络营销模式的一部分，是针对事件的发展及相关产品信息进行全网监测，随时掌握品牌、产品相关动向，对于及时发现和控制产品及企业相关负面信息起到至关重要的作用。

控制机制的具体方法如表2-7所示：

表2-7  控制机制

| 类别 | 控制手段 | 具体内容 |
|------|----------|----------|
| 常规处理 | 针对维护 | 回复针对信息，将话题向有利于客户的方向引导 |
| | 转移话题 | 回复其他热点话题，将受众视线进行转移 |
| | 炮制水帖 | 将负面帖进行话题演绎，混淆概念，降低可信度 |
| | 竞品利用 | 炒作竞品负面话题，弱化自身产品缺点 |
| 危机处理 | 版面锁帖 | 将论坛中的负面信息进行锁定，使网民无法对其进行回复 |
| | 彻底删除 | 将论坛、博客中的负面信息直接删除 |
| | 取消置顶 | 将论坛中的负面信息置顶取消，以便后续的沉帖或删帖工作 |
| | 负面沉帖 | 将论坛中的负面信息进行沉帖，使其不被关注 |
| | 联系楼主 | 查询、搜索负面信息发布人的联系方式 |

通过融合最新的海量信息搜集、全文搜索和数据挖掘技术，这套网络舆情控制系统可以24小时监控成千上万的网站、论坛博客的变化，帮助用户及时、全面、准确地掌握各种商业信息和网络动向，从而提高自身的竞争力和事件追踪能力。对信息进行进一步的整理、分析后，这套系统还可以为客户决策提供高价值的市场参考及危机处理服务，从而对网络营销实施过程进行

全权监控，有效监控网络舆论走向，防止不必要的公关危机。

## 第七功：搭建评估指标体系

企业花费了大量人力物力进行网络营销，自然要对其效果进行评估，这样企业才可以了解网络营销实施效果、网络营销给企业带来的价值究竟有多大，提高企业网络营销的效率，做出更好的营销决策和制订有针对性的营销计划。

网络营销绩效评估，即通过科学方法采取一定的指标，评定和预测其行为和效果。网络营销绩效评估经常面临困难，其中很常见的一个问题就是评估指标的确定。

目前，最完善的网络营销评估指标体系是基于平衡计分卡（Balanced Score Card，BSC）原理的关键绩效指标（Key Performance Indicators，KPI）体系。

KPI强调的是指标和企业战略目标的关系，具体方式是将企业的战略进行层层分解，最后落实到部门和个人的具体行为上，是企业进行绩效管理系统的基础。将KPI引入网络营销的效果评估体系，能够使网络营销效果的评估更加量化。评价指标具有系统性、易用性、针对性与客观性，能够更加客观地反映网络营销的实施效果。

BSC由哈佛大学商学院著名教授罗勃特·卡普兰创立，是企业战略执行和绩效监控的有效工具。BSC不仅考察了财务方面的指标，还充分考虑了非财务指标，包括顾客、内部流程、创新与学习，能够使绩效考评的体系更加健全与平衡。

目前，比较健全的基于BSC的网络营销评估KPI体系如表2-8所示：

表2-8　网络营销评估KPI体系

| BSC维度 | 细分维度 | KPI指标 | KPI数据获得 |
|---|---|---|---|
| 学习与创新 | 提高网站效率 | 网站稳定性 | 依据特定期间技术测量数据 |
| | | 网站安全性 | |
| | | 网站方便性 | |
| | 提高网络营销部门员工素质 | 员工满意度 | 依据企业员工考评制度及定期考评记录 |
| | | 员工工作效率 | |
| | | 员工网络操作技能水平 | |
| | | 员工培训效率 | |
| | | 员工创新效率 | |
| 内部经营流程 | 网站设计 | 页面下载速度 | 依据特定期间技术测量数据 |
| | | 内容更新频率 | |
| | 网站推广 | 网站流量 | |
| | | 活跃用户数 | |
| | | 登记搜索引擎的数量和排名 | |
| | 技术支持 | 企业信息化程度 | 依据特定期间信息部门统计数据 |
| | 售后服务 | 故障反应和处理时间 | 依据特定期间日常记录及分析数据 |
| | | 一次处理客户满意度 | |
| 财务 | 收入增长 | 销售利润增长率 | 依据特定期间财务统计分析数据 |
| | | 净资产收益率 | |
| | | 存货周转率 | |
| | 成本降低 | 费用控制率 | |
| | | 库存降低率 | |
| | | 运营总成本降低量 | |
| | 网站转化率 | 网上订单平均金额 | |
| | | 重复购买率 | |
| | | 线下新增销售额 | |
| 顾客 | 顾客满意度 | 口碑传播率 | 依据网络统计及分析数据 |
| | | 注册用户数 | |
| | 顾客忠诚度 | 客户保有率 | |
| | | 客户增长率 | |
| | | 市场份额 | |

　　这个指标体系包含了最完整的指标，企业在评估网络营销的实施效果时，可以根据自己企业的具体状况，从中选出符合企业现状的指标。

第三章

精细实施——网络营销十二大利器

网络营销的战略制定好后，又该如何具体实施呢？

不同的营销方法具备不同的特点，不同的营销事件需要不同的营销方法。人要因材施教，才能人尽其才，事要具体分析，才能因时制宜，只有运用正确的营销方法，才能最大限度地收获最好的成效。

本章介绍了十二种营销方法，它们有优有劣，优的并非完美无缺，劣的并非一无是处；它们各有所长，又各有所短，尺有所短，寸有所长；它们不尽相同，又不可分割，相辅相成，自成体系。认识和掌握这十二种营销方式，你就跨进了网络营销的大门。

# 论坛营销

## 论坛营销是基础

今天人们提到社区论坛，似乎有一种感到过气或者时过境迁的印象，其实这种感觉绝对是一种误解和似是而非的轻率判断。BBS过去、现在和将来，始终都是互联网互动内容的基础和原点，由此而派生出博客、微博、SNS社区类网站等。

作为网络媒介特有的产物，BBS（社区论坛）是一种重要的互动传播媒介。在BBS中，每一个网民都可以被看做一个传播装置，这个装置使网民既可做"信源"，又可做"信宿"。信源与信宿的身份自由转换，真正实现了信息的互动。运用传播学的理论进行研究不难发现，网民在BBS中进行对话的交往行为，在传播类型中属于人际传播的范畴。

BBS之所以能够包容多个层面的传播类型，在于其超强的互动性。BBS就像一张动态的网，网中的信源和信宿并不固定，它们只是网中结点的两个状态。假设某个结点处于信源态，当无数结点处于信宿态时，则构成大众传播；当一定数量具有特定身份的结点处于信宿态时，则构成公众传播；当数量很少身份固定的结点处于信宿态时，则构成人际传播。因此，与其说BBS提供了新的传播方式，不如说其提供了新的传播结构，为其他传播类型提供了新的传播空间。这种复合型的传播方式为其创造出多元化的舆论空间奠定了基础。

## 论坛营销有什么特点？

**在BBS中，不同媒体的议程设置彼此冲突。**互联网技术的发展，为媒体和受众提供了信息全球化的新语境。在互联网中，国家、经济以及意识形态等因素已不再能控制信息的传播范围。这意味着，网民不再满足于只依赖本国媒体构建的头脑中的形象，而是依赖于全球的媒体建构成的形象。因此，与传统大众媒体不同，在网络中，媒体的议程设置可能会受到其他媒体议程设置的干扰。尤其对于两国关系等问题，在本国受众不信任本国媒体或者不满足于本国媒体报道时，他们更希望获得其他国家媒体的声音。譬如在2001年4月中美撞机事件爆发后，不断有人在BBS中转载美国媒体CNN、美联社的消息供其他讨论者参考。这一方面满足了信息透明的需求，另一方面也使得两国媒体的议程设置相互影响。两国媒体共同的议程可以得到受众的信任，而不同的议程则必然相互干扰，降低议程设置的效果。对两国媒体而言，谁更能获得网众的信任，谁的议程设置才会更有效。

**媒体议程设置受到二级传播的重构。**在BBS中，受众依据自己的文化意识形态将媒体议题过滤，以构成BBS中的效果议题。从传播的角度看，BBS上信息的流通过程可以归纳为：媒体→受众1→BBS→受众2。来自媒体的信息首先抵达受众1，然后受众1再把它发布在BBS中，从而使更多的受众——受众2获得这一消息。在这个过程中，"受众1"的作用是通过一切合适的媒介将BBS中的受众与社会环境的相关部分连接起来，因此，它应当属于二级流动传播。这个过程体现了受众与媒体的交互活动。

**媒体议程设置还受到其他公众议题的影响，网民可以自己制造议题。**在BBS中，并不是媒体提供什么议题公众便议论什么议题。出于舆论的需求，讨论者可能会自己制造议题。由于网民可以自己制造议题，它解构了官方媒体的"舆论一律"，受众可以在BBS上拥有更多的知晓权、传播权、对媒介的接近和使用权以及接受媒介服务的权利。

当主流媒体由于这样那样的原因做了"沉默的大多数"时，主流媒体之外的BBS受到了人们的关注，因为它为受众提供了更为民主的舆论空间。BBS

空间信息传播的快捷性以及特有的议程设置功能使得民众拥有相对更多的知情权、质疑权，拥有对信息更多的占有和传播的权利和自由。事实上，当人们通过主流媒体了解到的"民意"与BBS中的"民意"不符时，必然会降低民众对主流媒体的信任。所以，媒体在反映民意时，将不得不以BBS为参照物，从而促进媒体报道与公众的互动，增强公众的话语权。

BBS在一定程度上为弱势群体提供了表达意见的空间。BBS的建设与维护的低廉成本使得社会的各个团体以及个人都可以拥有自己的传播媒介，使得更多的社区、团体和个人拥有了对信息发送和接收的支配权，从而促进了小众传播的发展。小规模的、双向的、参与性的、多元化的价值体系、小规模的双向互动性、传播关系的横向性以及平等性等都是BBS突出的特点和优势。

传统的大众传媒均是单向传播信息，信息被"把关人"过滤，很可能出现意识形态上的偏差，又加上纸介传媒的篇幅限制，很难使信息的报道及相关讨论极大丰富化、彻底深度化。依赖互联网的交互技术，BBS为公众提供了一个超越时空的舆论多元空间。从传播学的角度来看，这也是基于网络媒体BBS的三个主要特点而决定的。一是BBS是一个自由的平台，它为网友提供了平等的畅所欲言的机会；二是BBS议题的丰富性，谈论话题的广泛性，可以说是包罗万象，甚至无法预先设定；三是BBS高度的互动性，将新闻信息传播和发表多元意见的形式有机结合在一起。

## 论坛为什么可以营销？

论坛是围绕某些兴趣形成的网民聚集的社区，由于它具有便于了解用户心理的特性，因此为广告主所看重。而论坛的形成，使得人群定向和加强品牌信息传达更加容易。论坛独特的用户交流模式以及其可能产生的极强的用户黏性，使得论坛不仅成为聚集用户、吸引眼球的场所，也必将成为广告主网络营销的新渠道。论坛可以为多重营销目标服务，用于塑造品牌、提升客户忠诚度、产生销售线索、直效行销和电子商务。通过论坛，广告主可以挖掘最有价值的潜在消费群体，有针对性地进行引导，如图3-1所示。

图3-1　论坛营销总体规划

①可以与访问者直接沟通，容易得到访问者的信任，可以了解客户对产品或服务的意见，访问者很可能通过和你交流而成为真正的客户，因为人们更愿意从了解的商店或公司购买产品。

②为参加讨论或聊天，人们愿意重复访问你的网站，因为那里是和他志趣相投者聚会的场所，除了相互介绍各自的观点之外，一些有争议的问题也可以在此进行讨论。

③作为一种服务顾客的工具，利用BBS的形式在线回答顾客的问题。

④建立了论坛后，可以在相关的分类目录或搜索引擎登记，有利于更多人发现你的网站，也可以与同类的社区建立互惠链接。

⑤方便进行在线调查。

⑥BBS中的人群在一定时空内有着共同兴趣，并形成了相对稳定的关系，相互信任程度很高，因此在社区之间引发的传播在可信度和影响力上大大优于传统广告宣传方式。

⑦BBS有着巨大的传播效力，参与其中的每个人不仅是信息的接收者，更是进一步传递信息的节点，也就是俗语所谓的"一传十，十传百"，这样就降低了信息传播的成本，而信息传播速度、信息量、便捷性则大大加强。

从中我们可以得出结论：只要选择好目标顾客群常去的论坛，使用能吸引大家关注的话题展开论坛或者社区营销，那么论坛营销就不失为品牌推广的一个好法子。论坛营销，就是通过在有影响力的论坛制造话题，利用广大网友的争论以及企业有意识的引导，把产品的特性和功能诉求详细地告知潜在的消费者，激发他们的关注度和购买欲。

论坛营销真正的价值还在于互动，真正优良的网络传播一定是网友自动顶帖或者转帖率高的传播。以前那种发一个帖子，找无数ID自己顶帖和转帖的做法效果如今已经不尽如人意。

无论是运营网站还是卖产品或者服务，目的只有一个，就是扩大知名度并取得盈利。而做规划并不是规划怎样工作，而是规划让你的产品或服务获得最大收益的实现过程。论坛营销的规划（如图3-2所示）要从以下几方面入手：

图3-2　论坛营销规划

①对你所处的行业进行分析——行业分析。

要对本行业的动态和具体情况做分析，看产品是否可以利用论坛进行营销。怎样看你的产品是否能够利用论坛营销？主要研究你的客户群情况，如果你的潜在客户会上论坛，那么就可以选择。反之，你可以放弃论坛营销。

②怎样选择论坛——论坛分析。

互联网的垄断性决定了一点，那就是每个行业大型的论坛不会太多，通常情况下，80%的人会经常集中到1～5个大型论坛上，那么只要对这几个大型行业论坛进行分析就够了。可从以下几个方面进行分析：版面；哪个是活跃版块；版规；是否收费；签名能不能带链接；怎样积分或晋级；传统媒体是否关注等。

③想成功，人际关系不可缺——人际关系分析。

人际关系是衡量一个人能力的标尺。结交一些无关紧要的人意义不大，既然论坛是人集中的地方，就少不了人际关系的应用。怎样在论坛当中搞好人际关系呢？首先要明确对你有意义的人有哪些——网站高层、网站管理员、版主、意见达人、活跃会员、潜在合作者、潜在客户。接着通过以下方法找到他们：找出活跃版块；找出该版块的版主；加等级高的会员为好友；加经常发帖回帖者好友等。

④把握周期，用最短的时间做最多的事情——论坛周期分析。

每个论坛都有自己的活跃期和低沉期，每个月都有，每周都有，每天都有。我们只需要分析每天即可，如站长活跃时间基本是在中午和晚上，因为夜猫子型的居多，他们早晨不会起很早，就算起来了也要去公司上班，因为他们多为兼职站长。

⑤成本不只是资金，时间也是成本——成本分析。

做网络的人经常有这样一种想法：网络不需要投资，就可以盈利——这是错误的。令人遗憾的是，现在抱这种想法的依然大有人在。笔者初入网络时也曾有过这种想法，后来事实告诉我，不投资根本不可能，有时候还需要很大的投资。所以，做网络营销一定要进行成本分析，包括时间成本和资金成本。例如，有的论坛需要花钱买个邀请码或者认证会员费，价格都一般在10块左右。虽然花了一点钱，但起到的效果可能大不相同。另外，不要忘记你的时间也是一种投资，钱能办到的事情就不是难事。

如果大家仔细回顾一下我们的一些精品之作，比如"天仙妹妹"、"别针换别墅"、"出卖剩余人生"、"最美清洁工"等经典案例，都能看到上述这种"定式"或者特点。

# 博客营销

## 博客是什么？博客营销又是什么？

"博客"源于"webLog（网络日志）"的缩写，是一种十分简易的"傻瓜式"个人化信息发布方式。它让任何人都可以像免费电子邮件的注册、写作和发送一样，完成个人网页的创建、发布和更新；可以充分利用超文本链接、网络互动、动态更新的特点，精选并链接全球互联网中最有价值的信息、知识与资源；可以将个人工作过程、生活故事、思想历程、闪现的灵感等及时记录和发布，发挥个人无限的表达力；更可以以文会友，结识和会聚朋友，进行深度交流沟通。

Web2.0对网络和社会生活最关键的变化，就是博客。个人通过自己的博客，建立了融入互联网世界的立足点。Web1.0时代，资讯由相对高端的人群以其自身的判断导入给广大使用者，那么Web2.0时代，资讯的世界就变成百川入海的态势。每一个博客都是资讯的产生者、传播者、接受者、反馈者，不同于论坛那么繁杂或容易被人"带跑题"，博客让个体话语权得以放大和深化。有人总结：博客的基本文化是自由、开放、共享；时代文化是和谐、创新、发展；扩展文化是理性、宽容、责任。意识形态影响物质基础，博客文化的渗透深刻地影响了今天的生活。自由、开放、共享、创新、理性、责任和沟通成为社会主流共同遵守的价值标准和思维习惯。目前这个资讯发达的时代，发展迅速的时代，博客文化让受众人群的行为都发生巨大变化。博客文化，已经开始作用于人文经济领域，甚至营销广告传播执行都在受这次变革的影响，开始自我调整与适应。托马斯·弗里德曼说世界是平的，博客文化正让这个平坦的世界产生更多的变数和精彩。

个人融入互联网的个性通道，实现个体责任和利益的平台。博客时代的用户，上网已经成为其日常工作生活的重要一环，使用网络功能导入个体的责任、获取自己的利益已经是普遍客观存在的。个体话语权的放大，让大众的参与感空前高涨。一直以来，个体的意见因为媒介空间和社会状况等技术原因得不到有效便捷的传播，而博客的出现则弥补了这一缺憾。通过简单的操作，将自己的意见和想法通过平等、融合的互联网表达，可以影响社会价值体系的变化。因为参与所以变化，良性的行为循环，让网民的影响力量日渐壮大，大量的热点问题，通过互联网民意指向得以很好解决。资讯交互共享的平台，促进交流的自由、多样、生动，构建出一个互联网学习型组织，博客网民的素质通过不断思考、表现、沟通等多样自主活动，得以高效提升。刺激思想创新，夯实大众生活和谐的基石。社会的发展需要思想的持续创新，而创新、坚持又是博客生活的重要符号，博客的理念刺激使用的个体保持思考热度，不断超越，为营造和谐社会打下坚实基础。通过博客，作为代表社会个体权益的普通人都通过互联网进行意见主张，打破原有语境秩序，从而建立最适合需求的虚拟环境，协调现实社会中的问题。

## 博客营销有什么特征

随着互联网的更新，博客营销已经成为一种不可忽视的传播力量，它的最大用处就是能够通过口碑营销，在网络上营造企业和产品的形象。博客营销的本质在于通过原创专业化内容进行知识分享争夺话语权，建立起个人品牌，树立自己"意见领袖"的身份，进而影响读者和消费者的思维与购买行为。

博客营销的特征有以下几方面：

①博客是一个信息发布和传递的工具。博客具有知识性、自主性、共享性等基本特征，正是这种性质决定了博客营销是一种基于个人知识资源的网

络信息传递形式。

②与企业网站相比，博客文章的内容题材和发布形式更为灵活。

③与网络广告相比，博客传播具有更大的自主性，并且无需直接费用。

④博客相比其他网络沟通工具，其信息量更大，表现形式更加灵活。

⑤与BBS营销相比，博客营销显得更正式，可行度更大。

## 博客营销哪里好？

博客营销有很多作用，比如，消费者得到商品信息后，会通过网络查找相关资料来对商品进行甄别。这时，只有形象好、条件好、服务好的卖家才能吸引消费者，而博客可以通过各种角度对产品进行更具公信力的评价，因此更利于卖家塑造自己的形象。除此之外，博客营销还有以下几项好处：

①博客可以带来潜在的用户。

②博客可以让营销人员从被动的媒体转向自主发布信息。在传统的营销模式下，企业往往需要依赖媒体来发布信息，不仅受到较大的制约，而且费用相对较高，而利用博客，营销人员可以自主地发布信息，并营造良好的营销氛围。

③博客营销可以与消费者实现良好的沟通，保证对产品和服务的及时监测。如企业博客是提供给消费者相互沟通以及和企业沟通的良好场所，企业可以利用博客回答消费者的疑问，也可以用来化解消费者不满。

时下比较流行的企业博客，对于企业和产品的推广营销有什么好处呢？

**企业博客相对于企业网站更容易做推广。** 传统的企业网站推广方式大多是在百度、谷歌做竞价排名，在大的门户网站做链接，这种做法成本往往很高，而企业博客可以使用任何个人博客去推广。如关注热点话题，增加企业博客点击率，与同行互加为好友，到别的博客里发表评论和留言，被推荐等。

**企业博客的受众针对性更强。** 关注企业博客的，大多是同行、消费者、潜在消费者、合作者、第三方，如研究机构、中介机构等。同行并非都是冤家，同行关注本企业，并不一定是想打击或挖墙脚之类，也许蕴涵着合作商机。消费者和潜在消费者是企业博客最希望的人群，他们会通过了解企业而产生购买行为。

**企业博客可以更多角度、更细化地传播企业信息。**企业博客里可以有个人思想、生活体验、经验交流、事件评论、新品介绍、企业新闻等。只要对企业宣传有利的信息都可以发布。企业网站是官方，企业博客是民意。企业博客就是企业的日志，写企业日志的一般都是企业里各部门有代表性的人物。这些人物的言论、观点、个人思想，或多或少都带有企业的影子，了解一个企业如何就从了解这个企业的人如何开始。企业可以从另一个消费者更容易接受的角度去表现自己，打动消费者的心。

## 博客如何营销？

博客营销的关键就在于博客的挖掘机制，它藏于自由开放共享的文化之中，藏于BSP（博客服务托管商）将自己与博客的荣辱兴衰、价值实现、存灭进退高度一致化的系统行动之中。普通博客只有进行自我的价值提升、价值挖掘和价值推广，才可能有机会从博客增值中分一杯羹。一万杯羹的凝聚，就是博客网站收益的希望之所在。目前，博客网站看到的商业模式有基于个人用户的收费、广告、移动增值、企业应用、内容出版等。

### 1. 博客广告

博客广告的出现大大丰富了广告形式，更丰富了广告业态。博客广告有以下几个特点：一是细分程度高，博客平台适合所有广告的投放，尤其是产品类、企业活动和品牌形象广告，不同的广告主可以根据相关类型的博客投放自己的广告；二是根据广告主需要可以有不同的付费标准，按时间、版位，按显示次数、点击次数收费；三是按有效购买来收费，例如，在博客上投放当当网广告，用户点击当当网，网络将自动跟踪，查寻其来自于哪个博客，再依此进行分成。

## 2. 企业博客

企业博客区别于一般的博客，同时也突破了常规的电子商务服务功能，提供了符合企业和商人实际需求的商务应用。它不是简单地在原来电子商务网站的论坛中增加一个博客，功能或者成为"商人文集"，而是开创性地将"博客"的概念与电子商务有机地结合在一起，为企业构建一个真正意义上的网上商务与办公门户，涵盖了企业的全部网上商务活动。它并不只是限于"发布文章和日志"，而是覆盖与商务活动有关的各个方面，是一个名副其实的"一站式"企业商务门户。

## 3. 意见领袖博客推广

博客是信息展示更加全面的平台，在此处汇集的相关信息更加全面，意见领袖的功能也较为突出，会让你想表达的信息在最短时间内传递给最多的目标受众，也能成为你售前支持和售后客户服务系统最好的触角，帮企业收集到最真实的反馈信息。在网络营销中，决定消费者是否被营销活动打动并购买产品，除了产品本身对消费者的影响外，网络中与消费者有其他互动的人物也会对消费活动的最终实施产生一定影响。就像我们在决定购买一些并不是很了解的产品的时候，我们可能会事先上比较专业的BBS上转一转，看一看那些比较了解这方面信息的版主或者论坛活跃分子们是怎么看待市场上的这些产品的。这时，我们就在被这些"意见领袖"们所影响。所谓的意见领袖就是像技术版版主这样的，拥有更多、更好的产品信息，且为有关群体所接受和信任，并对他们的购买行为有较大影响力的人。而我们这些对某些产品，尤其是高科技产品并没有那么熟悉的人，就是"有关群体"。

# 惠普告诉你如何博客营销

大部分企业都曾对WIKI营销、IM营销等持观望和怀疑的态度，越来越多的企业逐渐对单纯的承诺PV产生的传播效果表示怀疑，但是博客营销仍以自身独特的存在形态优势和传播效果优势脱颖而出，创造了越来越多的网络营销成功案例。HP DV3000所做的博客营销就是其中之一，下面我们来看一下其网络推广的过程。

HP DV3000博客营销的网络推广过程可以分为以下五步：

第一步，开HP DV3000产品发布会，邀请领袖级、达人级博主现场同步直播；

第二步，邀请IT界领袖博主参加HP DV3000测评及讨论，并发布到各自的博客上；

第三步，开展"我的混搭数码生活 博客接龙大赛"活动，面向用户展开一个形式新颖的博客接龙活动；

第四步，开展HP DV3000"我的数码混搭生活 视频大赛"的博客辅助宣传，邀请若干名博主对视频大赛进行辅助推广；

第五步，邀请几个营销评论博主对整个大赛做网络营销角度的评论。

综观整个网络推广流程，我们可以发现，五个网络推广步骤环环相扣，传播影响范围由小到大，每一个阶段的博客选择也非常有计划性和针对性（从点到线到面，再跨越到另一个领域）。因此我们可以说，这是一个充满了新意和亮点的、推广思路和推广目标都极清晰的成功策划。

在HP DV3000博客营销的网络推广过程中，整个网络营销首先瞄准的是IT圈——这个互联网上最活跃的圈子。博客营销最容易起步，同时也是适合IT产品做网络推广的圈子。HP DV3000最核心的目标受众就是这个圈子。

在发布会产品同步直播中邀请到了IT圈中最有影响力的几个博主，借助名人博主自身的影响力一炮打响HP DV3000在IT圈群中的知名度。同时，依靠一些IT圈群专属的沟通交流工具，有效地提升了目标受众对HP DV3000的产品好感和HP品牌好感。

在第二步的推广中以邀请的方式请IT圈中极有影响力的博主撰写文章，内容引申到了产品性能方面的讨论。在第一步的网络推广中，HP DV3000已经在IT圈群内拥有了一定的知名度。当大家纷纷对这款产品产生好奇之际，几位"重量级"人士又展开了对HP DV3000性能的详细评论。这样就形成了以"点"引发、从"点"串联成"线"的推广，HP DV3000在IT圈群中已经完成了基本的产品信息告知和产品性能解析。

第三步的网络推广是本次博客营销所有步骤中最成功的一步。"博客接龙大赛"这个名词当时听起来就颇有吸引力和诱惑性，而且门槛极低——只是简单地填写三个自己喜欢的产品名称和理由即可。推广方式同样值得以后的博客营销学习，它建立了独立博客与某一个平台之间的联系，使博主能获得一定的利益——功能方面的、盈利方面的、推广方面的等。对于平台而言，这无异于拥有了无数个推广的终端（使用其博客）。

第四步的网络推广作为一个视频大赛补充推广的博客评论行为，自然不再需要费力地邀请和推广了。博客营销的原始"推动力"已经形成，邀请变成了自愿参与，博客营销的话题效应就此显现。

第五步中，邀请四个互联网营销评论博主对此次营销进行评论，以"营销评论"的名义将本次活动的影响进一步扩大。

总体来说，HP DV3000的博客营销做得非常成功，从策划到执行都给以后的博客营销提供了一个成功的参考。这次营销给我们以下启示：一是要有精准的目标群体分析；二是要对博主进行精确选择；三是网络推广要循序渐进；四是针对不同人群要有不同的传播主题。

令人遗憾的是，今天总的趋势是，博客越来越不受重视，战线越来越收缩，除了少数明星博客外，影响力正在降低，这主要是受到了微博和移动互联网的冲击。想想看，上网的主力人群是80后、90后，他们对任何长篇大论不感兴趣，更喜欢140字以下的微博，对他们来讲，140字已经是长篇大论了！而移动互联网的兴起，智能手机快速普及，小小的屏幕自然更适合微博而非博客。

# 搜索引擎营销

## 何为搜索引擎营销？

搜索引擎是一个为网络用户提供检索服务的系统，它的主要任务是在Internet中主动搜索其他Web站点中的信息并对其进行自动索引，其索引内容存储在可供查询的大型数据库中。用户利用关键字查询的时候，网站就会告诉用户包含该关键字信息的所有网址，与此同时提供通向该网站的链接。搜索引擎包括信息搜集、信息整理和用户查询三部分，是对互联网上的信息资源进行搜集整理，然后供人查询的系统。凡是获得网站网页资料，能够建立数据库并提供查询的系统，我们都可以把它叫做搜索引擎。

## 搜索引擎如何营销？

用户通过网站获取信息有两种主要方式：如果已经知道或者可以猜测网站的网址，则用户直接通过网址访问；如果不了解网址，则通过搜索引擎查询。搜索引擎是一个互联网信息检索工具，现在几乎成了最重要的互联网工具！因此搜索引擎对网络营销的基本作用首先表现在引导用户发现网站、产品、服务的相关摘要信息，并通过链接到网站获取详细信息。在这个过程中，搜索引擎成为一个传递网络营销信息的基本工具。

搜索引擎的特点之一是其传递的信息只发挥向导作用，这是它与企业网站的不同之处。搜索引擎检索出来的是网页信息的索引，一般只是网站或网页的简要介绍，或者抓取部分内容，而不是网页的全部内容，因此这些搜索结果只能发挥一个"引子"的作用。如何尽可能方便地将有吸引力的索引内容展现给用户，是否能吸引用户根据这些简单的信息进入相应的网页继续获取信息，以及该网页或网站是否可以给用户提供给他们所期望的信息，这些就是搜索引擎营销所需要研究的主要内容。

搜索引擎不仅可以帮助用户检索信息、实现网络营销信息的传递，其对网络营销的作用还可以进一步延伸到下列几方面：

①产品推广。与网站推广类似，搜索引擎可以对具体产品进行有针对性的推广，让更多用户发现产品信息。通过购物搜索引擎等方式，可以实现对多种产品的比较，为用户获取购买决策信息提供支持。

②提升企业或网站的网络品牌。

③网站推广。可通过搜索引擎推广达到网站访问量增加的目的。

④由于搜索引擎拥有众多用户，因此它成为一种网络广告媒体，相比而言，它比一般基于网页的网络广告具有更高的定位。

⑤搜索引擎作为在线市场调研的工具，在竞争者研究、用户行为研究等方面起重要作用。

⑥一旦发现商业机会，通过搜索引擎可以获得各种网上发布的商业信息，从中筛选后可能发现有价值的信息。

随着搜索引擎技术的不断发展，搜索引擎对企业经营的作用越来越大，这也是为什么在网络营销中对搜索引擎给予极大重视的原因。当然这也是百度在中国持续坐大并有恃无恐的原因。

## 搜索引擎营销有哪些模式？

### 1. 搜索引擎优化（SEO）

搜索引擎优化主要是通过了解各类搜索引擎如何实现网页的抓取、索引以及如何针对某一特定关键词确定搜索结果的排名规则，来对网页内容进行优化，使其符合用户的浏览习惯，并以快速、完整的方式将这些搜索结果呈现给用户，同时在不损害用户体验的情况下提高搜索引擎排名进而获得尽可能多的潜在用户。搜索引擎优化并非只考虑搜索引擎的排名规则，更重要的是为用户获取信息和服务提供方便。在建立搜索引擎的过程中，与传统的营销理论相结合，分析目标客户群，研究不同消费阶层的心理，分析他们对关键词的界定，可以使企业在关键词的选择上更有效率。但很多中小企业选择付费排名和关键字广告，忽略了搜索引擎优化。搜索引擎优化最明显的效果是让企业网站在搜索引擎中获取好的排名，提高网站展示率，提高营销的效果。

有人认为搜索引擎优化（SEO）是一种作弊行为，其实这是一种误解，因为搜索引擎优化是对搜索引擎的配合服务，使搜索引擎更加方便地从企业网站提取信息，转而将信息更好地展示给潜在客户。如Google和百度官方声明中都指出，搜索引擎理解并支持SEO行为，搜索引擎官方对此的一致态度是接受合理的搜索引擎优化。据一些SEO专家介绍，其实早在好几年前，索尼、HP等国际知名企业就曾对自己的网站进行过种种优化，取得了显著的成绩。

搜索引擎优化是搜索营销的捷径。为什么这么说呢？我们都知道，付费排名和关键字广告都需要长期付出巨额的费用，成本之高显而易见。搜索引擎优化不同，这是一种"一劳永逸"的营销策略。因为一旦通过搜索引擎优化让网站获取了好的排名，后期维护的成本将会很低。另外一些研究报告指出，网民对搜索引擎中的付费链接排斥甚至厌恶，网民更愿意接受一个自然排名比较好的网站。所以搜索引擎优化是中小企业开展网络营销不应忽略的方面，也是搜索引擎营销中的一种有效捷径。

## 2. 关键词广告

关键词广告是在搜索结果页面显示广告内容，用户可以根据需要更换关键词，相当于在不同页面轮换投放广告。目前关键词广告销售模式主要有固定排名和竞价排名两种形式。

固定排名是指企业与搜索引擎供应商以一定价格将企业网站放置在固定位置的一种方式。这些具体的位置由各个企业通过竞价购买来决定，并且在合同期内会一直保持不变，付费越高者在检索结果中排名越靠前。固定排名合同是根据事先定义好的几个关键词来签订的，但这种操作方式的收费高，吸引的是一些大客户，但它的效果明显，付费的客户在搜索的结果中排在前十位。

竞价排名是搜索引擎关键词广告的另一种形式，它是按照付费最高者排名靠前的原则，对购买了同一关键词的网站进行排名的一种方式。传统竞价排名是指同类企业按出价高低决定排名顺序。但是随着引擎技术的发展，出现了混合竞价排名的方法，即除了价格以外，还要看网站点击率的高低，以点击次数为收费依据，也就是按效果付费，这样就有效避免了企业打高价格战的恶性循环。竞价排名是一种高度优化的资源配置方式，企业使用竞价排名以后，能增强广告的针对性，只要用户没有进入企业的网站，企业就无须为这种推广付费，有效地节约了广告的投入。

长尾理论对于搜索引擎优化中的关键词策略非常有用。通常情况下，少数核心关键词或通用关键词可以为网站带来超过一半的访问量，因而引人注目。实际上，那些搜索人数不多然而非常明确的关键词的总和——长尾关键词同样可以为网站带来可观的访问量，并且这些长尾关键词检索所形成的顾客转化率更高，往往大大高于通用关键词的转化率。研究用户关键词检索行为分散性以及分散关键词策略的价值就在于此。因此，在搜索引擎优化项目实施的过程中，关键词的调研和选择非常重要。很多时候，核心关键词可以带来很高的流量。

但是有一点不容忽视，关键词涵盖的范围太广，一般的关键词除了增加搜索引擎优化工程的难度以外，对客户的业务与网站流量并无多少实质性的帮助。因此，将关键词进行细分、与业务名称对接得更细密，就显得尤为重要了。长尾理论在搜索引擎优化项目上的应用正好能弥补这一缺点。长尾理论不仅拓宽了以往搜索引擎优化选择关键词的关注点，而且还告诉了搜索引擎优化中的蓝海，那就是在满足行业主关键字在搜索引擎中有着好的展示机会的同时，更应把握好那些长尾关键字。从技术的角度来讲，网站在搜索引擎中占据了一定的权重后，网站的主关键字很可能会演变成不同的相关长尾关键字予以排名靠前。但是通常情况下，我们该如何更好地把握长尾关键字

呢？下面笔者将从事网络营销多年所谓的经验与大家分享。

## 搜索引擎营销的优点

**有利于企业产品的推广。**搜索引擎不仅可以给公司网站带来流量，其所带来的流量都是客户通过关键词的搜索得到的，都是针对性非常强的流量。一般来说，这些搜索者就是企业广告宣传的重点对象。搜索引擎应把最贴近需求的信息传达给搜索者，在恰当的时间和位置，给搜索者更多的选择。这样一来，销售和购买之间的桥梁关系就过渡得非常自然，消费者和采购商有更多的主动权，只看相关的信息内容；供应商和零售商则能实现只把销售的信息告诉有相关需求的人，实现精准营销的目的。

**便于企业开展网上市场调研。**搜索引擎是非常有价值的市场调研工具，通过搜索引擎输入有效关键词并查看搜索结果，就可以方便地了解竞争者的市场动向、产品信息、用户反馈、市场网络、经营状况等公开信息，从而有的放矢地增强自身的竞争力。利用搜索引擎还可以了解市场营销的大环境，如政府的有关方针政策、有关法令的情况，经济环境，或者消费者收入、消费水平、物价水平、社会资源等。除此之外，搜索引擎是企业直接接触潜在购买者的最好方式之一，企业可以以此全方位地了解消费者的需求。

**成本低廉且宣传广泛。**搜索引擎营销的主要目的就是让目标客户主动来找企业，服务商按照客户的访问量收费，这比其他广告形式的性价比更高，指向性也更强。许多企业正是基于搜索引擎营销成本低、效果显著、操作灵活和易于管理考评的特点，将其作为企业网络推广的主要手段。对于大部分中小企业来说，它们很难与大企业在传统推广方式上争展区、争位置，搜索引擎营销却能另辟蹊径，使企业利用网站向客户全面展示公司的产品、特点，给中小企业提供公平竞争的机会。

# 网络新闻营销

## 什么是网络新闻营销？

何谓网络新闻营销？它是指企业在总体真实、不损害公众利益的前提下，利用具有网络新闻价值的事件，或者有计划地策划、组织各种形式的线上线下活动，借此制造"网络新闻热点"来吸引传统媒体和社会公众的注意力与兴趣，以达到提高产品社会知名度、塑造企业良好形象并最终促进产品销售的目的。网络新闻营销解决了长期以来消费者对广告的排斥和逆反心理，以新闻的操作手段，阐述产品的核心卖点，诠释品牌的核心价值，潜移默化地影响受众。

同时，由于新闻具有官方性、媒体性，其传播的内容比较正统。而网络新闻以新闻化的操作手段，对传统传播形式进行了革命性的改革和创新。与广告相比，它更具有新闻的特质，以热点话题或新闻事件切入，与品牌信息产生联系，运用大量的数据或是信息进行传递，这使得它具备了效果精准、成本低、性价比高、内容完整清晰、公信力高、易转载并实现二次或多次传播、长期保持、效果持续周期比较长等优点；与传统新闻相比，网络新闻更具有广告的特征，标题定位与内容描述都要求与品牌信息相关联，产生广告传播功能，使人们在媒体中不知不觉接受新闻信息，从而达到广告宣传报道的目的。

网络新闻主要可以分为以下三类：

**网络新闻报道**。就是根据内容将新闻划分为国际、国内、科技、财经、娱乐、体育等版块，在表现形式上则主要有文字新闻、图片新闻、视频新闻等。

**网络新闻评论**。它又分为专家评论、编辑评论和达人及网民评论。网络新闻评论拥有跨时空、超文本、大容量、强互动的魅力，它体现了网民的基本需求：参与性，网民通过网络媒体发表自己的观点，体现其作为一个社会成员的权利和义务；交流性，网络提供了一个网民交流的公共场所，大量意见和观点通过网络媒介汇集、交换与传播。

**网络新闻专题**。它是网络媒体针对一个有新闻价值、能够引起社会广泛关注的话题，运用多种媒体手段进行新闻整合报道的新闻报道形式。新闻专题一般由各个媒体的新闻报道，有关专家、学者、权威人士的意见，社会各方面的反应，网络论坛代表网站自身新闻立场、态度的新闻评论等部分组成。

## 为什么要网络新闻营销？

网络新闻是最早也最为成熟的互联网应用形式之一。相对于传统媒体新闻有很多优点，目前已成为越来越多的网民获取新闻的主要形式。网络新闻营销在网络应用中位居第三，仅次于搜索引擎和网络广告。那么与传统新闻相比，网络新闻的优势具体表现在哪里呢？

**及时性强**：在遇到突发事件时，网络能够在第一时间将新闻发布出去。此外，同一地区的网络能做到24小时不间断地进行新闻转播，而对于全球网络新闻来说，基于各地区间存在时差，从全球来看，即使某地的网络新闻发布处于休眠状态，在地球的另一端，也有新闻在发布和传播。这使得网络新闻存在极强的及时性，可以在一天24小时的任意时段报道和跟进新闻。

**表现形式多**：网络新闻营销基于网络平台，可以提供多媒体报道，它可以采用文字、图片、视频等多种形式，使新闻报道更具综合性、直观性、生动性、形象性，从而增强了新闻的感染力和影响力。

**互动性强**：网民可以对发布的新闻信息发表意见和评论，能够实现信息发布方与网民之间的多向交流。

**信息海量**：网络新闻的超链接方式，使新闻的内容在理论上具有无限的扩展性和丰富性，信息空间完全不受三维空间的限制，整个图文字结构仿佛是一个复杂的分子模型，大量信息可以被重新组合。

**宣传时间长**：相比于广告等计时收费的市场营销手段，网络新闻的"免费"以及可以在网络中"持久保留"的特点使得网络新闻营销具有更长的宣传时间。此外，对某一新闻事件，网民可以通过搜索和浏览以前的新闻，了解到整个事件的背景和发展过程，实现网络新闻营销效果的加强和深入。

随着互联网互动性的逐步加强，网络新闻在内容上已不局限于对传统媒体内容的二次传播。在新闻营销中，一个重要的指标则是在"百度新闻"和"谷歌资讯"中的收录情况，在这两个网站中收录越多，代表事件的影响力就越强。新闻营销的应用非常广泛且成熟，企业的市场活动、新产品推广、品牌推广、公益活动、终端促销、重点事件等，都可以组织新闻营销，产生的效果主要取决于新闻点的价值、新闻内容的品质、新闻投放渠道广泛度和影响力等因素。因此，与媒体的关系成为企业进行网络营销的助推力。如何维护与媒体的关系见图3-3。

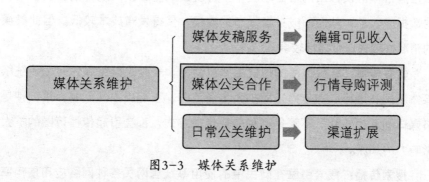

图3-3 媒体关系维护

## 网络新闻如何传播?

常见的网络新闻媒体代表主要分为门户类新闻网站、传统新闻机构的网络版、行业垂直网站和地方性重点网站。像大家熟知的新浪网、搜狐网和网易网等属于门户类新闻网站。而新华网则属于传统新闻机构的网络版。那些专业性比较强,如搜房网、太平洋电脑网和天极网等则属于行业垂直网站。新闻报道来源于以某地区为主的网络新闻媒体,如东方网、千龙网、重庆热线等,则属于地方性网站。

谈到网络新闻在媒体中的发布,就不得不说一说现有的网络新闻传播方式。这里主要介绍四种网络新闻的传播方式,分别是公关公司传播、网络自动发布平台的传播、转载传播和搜索传播。

**公关公司传播:**公关公司由职业公共关系专家和各类公关专业人员组成,是专门为社会组织提供公共关系咨询或受理委托为客户开展公共关系活动的信息型、智力型、传播型的服务性机构,如知名的有北京易神州网络公关公司、碧海云帆网络科技有限公司、诺维尔公关、蓝色光标公关等都属于公关公司。通过公关公司的操作,能够比较好地提炼新闻事件的亮点,同时针对新闻事件的内容,有针对性地选择若干网络媒体进行传播,从而达到传播效果最大化。

**网络自动发布平台传播:**由于网络自动发布平台机构与相关网站签订了一定的合作协议,由网络自动发布平台发出的企业新闻稿件就会被签约网站的数据库收录,从而形成批量发布的效果,使得发布成本较低。但此类操作的精准性较差,可控性较弱。

**转载传播:**转载传播的形式主要有两种,一种是网络媒体转载传统纸质媒体新闻,进行二次传播,即扩大传播范围,引起更强烈反响;第二种是网络媒体间互相转载。不管是哪种转载传播方式,都会引起传播范围的扩大和影响力的加深。

**搜索传播:**搜索引擎在网民中的使用率跃居网民各种网络应用使用率第一位。因此若企业或机构发布的新闻被搜索引擎收录,并出现在搜索结果页面的前几页，就很容易引起目标群体的关注，从而达到信息传递的目的。当然，这需要企业采用相关技术，保证新闻较高的可搜索性。

## 标题，还是"彪题"？

在这个信息爆棚，网民注意力极度有限的时代，新闻都是以标题为代表在网页中以列表形式呈献给网民的，网民根据新闻的标题来判断是否继续阅读，因此网民对网络新闻标题的"第一感觉"显得尤为重要。如果网民在浏览新闻标题列表时，并不对企业的新闻"感冒"，那么企业此次网络新闻营销就成为完全成本，而没有带来任何收益。那么，非新闻专业的企业营销人员，应该如何通过短短几个字的新闻标题俘获网民的心呢？

①直接点出新闻中的新奇事实或重要意义。

②标题宜实勿虚。

③标题长度要适中。

有内容，才是真的好！如何才做到这一点呢？

①尽量迎合社会热点、紧扣新闻事件的最新发展。

②从网民最为关心的问题出发。

③披露网民虽熟悉却并不详知的事情细节或内幕。

④制造悬念，为媒体提供摄人魂魄的材料。

⑤倒金字塔：从开头到结尾，信息的重要程度逐步递减，便于阅读。

⑥正文写作要有主次，长篇大论没人看。

⑦名人效应+专家说话很重要。

⑧关键词写作要突出。

⑨不做"标题党"，又要善于做"标题党"。

⑩擅长使用超文本。

# 网络视频营销

2006年被称为中国视频诞生元年，在这一年中，中国的视频网站由年初的20余家激增到250多家。网络视频成为风险投资的宠儿，成为中国IT创业者们朝拜的对象。随之而来的是视频营销越来越多被众多品牌企业所重视，趁热打铁更是网络营销中经常采用的利器。

## 什么是网络视频营销

网络视频营销是指企业通过网络视频，发布企业信息，展示企业产品，把最需要传达给最终目标客户的信息发布出去，最终达到宣传企业产品和服务、在消费者心中树立良好的品牌形象目的的新型营销方式。视频媒体是互联网媒体中展示富媒体以及视频广告的最佳媒体。同时，作为一个黏度极高、参与人数极多的平台，只展示广告还是远远不够的，因为视频媒体是网络Web2.0时代的代表。相比于其他营销方式，网络视频在视觉和听觉上对于受众的刺激程度大，从而能够使受众对产品形成更加深刻的综合印象。

以新颖的信息传播方式与全新的传播渠道占领营销制高点，在传播内容娱乐化、传播渠道精准化的基础上，网络视频营销正在成为企业品牌传播征服中国网民特别是年轻一族的重要方式。在中国，越来越多年轻人抛弃电视转向了网络。这些都是网络视频营销！

视频营销指企业将融入自身品牌或产品元素的视频短片放到互联网上，

达到一定宣传目的的营销手段。目前视频营销主要有4种模式：视频贴片广告、视频病毒营销、UGC模式和视频互动模式。

**视频贴片广告**：是指在视频片头片尾或插片播放的广告以及背景广告等。

**视频病毒营销**：将视频情节与广告结合在一起，在用户浏览视频时巧妙达到宣传效果，它具有病毒传播的特质，用户之间可以主动传播和分享。

**UGC模式**：UGC（User Generated Content）是用户产生内容，网友将自己DIY的内容通过互联网平台进行展示，或者提供给其他用户。这种模式就是调动民间力量参与视频的积极性，主动产生作品。在UGC模式下，网友不再只是观众，而是成为互联网的网中人，最简单的就是以征文的形式征集与企业相关的视频作品。UGC模式超越了普通的单向浏览模式，让用户与品牌高度互动，将品牌传递方式提升到用户参与创造的高度，增加了品牌黏性，深化了广告效果。

**视频互动模式**：类似于早期的Flash动画游戏，借助技术，企业可以让视频短片里的主角与网友真正互动起来。用鼠标或者键盘就能控制视频内容，这种好玩有趣的方式，让简单的创意取得了巨大的传播效果。

**创新的视频广告**：如拉幕广告、半透明覆层广告、播放器背景广告等。

## 网络视频营销哪里好？

①成本低廉。

②目标精准。

③立体营销。

④互动性强。

⑤效果可测。

⑥操作简单。

⑦持续时间长。

## 视频推广，你不知道的技巧

简单的视频网站推广并不能将视频营销的所有推广效果全部释放，这里需要强调网络视频营销与其他营销方式的结合，也就是人们常说的整合营销。在将网络视频与其他营销方式相结合的过程中，也可以加深网民基于网络视频的讨论和互动，尤其是在论坛、社交网络、博客这些交流更加顺畅自由，网民意见表达更加充分的环境中，视频的推广效果会更好。如果视频本身足够好，还会取得病毒营销的宣传效果。

**论坛——给视频以被评论的土壤：**我们要将视频广泛播洒在论坛中。在每一个相关主题论坛建立多个账户，开新帖，把视频添加到帖子中，这是一件比较耗费时间和精力的工作，但是如果有足够的人力，会引发视频爆炸性的广泛流传。而在实际操作过程中，就如论坛营销中所论述过的，发帖、顶帖，引发讨论、刺激眼球，甚至以热门话题，让论坛的网民自由转载，尽可能在短时间内，将同一个帖子发遍所有有用的论坛，然后每隔一两个小时，去各大论坛检查一下，要先给自己顶帖，避免视频帖子沉底。这样可以保证视频帖子拥有最大的曝光可能，如果你的视频确实好，那么绝对不会被论坛网民们忽视。网民们在逛论坛的时候，会看到企业精彩的视频，同时也完成了视频的营销过程。

**社交性网络——网民会帮助视频找到它们想找的人：分享和并存。**当网友看到有趣的视频，他会随手分享给其他朋友看，如果这位朋友觉得这个视频和自己某个朋友存在联系，会传给自己的朋友，这都是网络视频在社交性网络中的传播方式。分享的方式包括开展一个活动，宣布视频发布，邀请你的朋友发布帖子，或是把视频放在开心网、校内网之类的视频页面上，或在微博上加上视频，然后加上一个返回最初youtube页面上的链接。这是一种交互的模式，也是借助SNS站点来进行一定传播的新模式。基于六度理论，通过6个朋友传递，你可以把信息传递给全世界所有的人，视频会被自动分享到它需要去的地方，视频在网民好奇心和友情的驱使下，找到了它们想找的人。

**博客和微博——就是要让司马昭之心路人皆知！**很多人在做视频营销

时，会联系与视频主题相关的博客，争取得到他们的支持，然后把视频上传到主流视频网站，并将转帖代码分享到尽可能多的博客上。这只是第一步，要真正让博客为你的营销所用，就要发挥博主意见领袖的作用。当然在博文中要有相关视频的截图，视频最好能够直接播放，要让意见领袖确实引导其他网民。每一段视频从上传至网站，到能否被列入每周最热门视频排行榜，只需48个小时的时间。所以，企业需要尽快找到并联系上需要的博主，速度决定成败。

## 微博营销

### 你肯定知道微博吧

　　微博，即"微型博客（micro-bloging）"的简称，用户可以通过Web、Wap以及各种客户组件以140字左右（新浪标准）的文字更新信息，并实现即时分享，是一个基于用户关系的信息分享、传播以及获取的平台。微博营销则是基于这一平台开展的营销活动。

　　微博为广大网民提供了可以或者貌似可以展示自我的平台，在这里不需要绞尽脑汁地构思鸿篇大论，语言风格也不需要多么严谨，140字以内的内容阐述，再配以表情符号、图片或视频即可。微博内容虽然短小但紧凑，并且具有图文并茂的展示效果，微博也可以链接经过格式转换的新闻页面，读者可以点击阅读更为详细的内容报道。微博的高度参与性及其短小精悍的信息发布特点，使受众能够在信息发布者、意见表达者和信息接收者三种角色间自由转换，其互动性很强，信息传播速度也大大加快。继新浪2009年8月推出新浪微博测试版后，腾讯、搜狐、网易、凤凰等门户网站的微博平台也先后上线。从2009年起，"织围脖"迅速在时尚人士中流行起来，微博的用户群正不断扩大，信息内容也在不断增加。在中国，微博刚刚起步但发展惊人，据2010年9月9日新浪发表的国内首份微博市场白皮书——《中国微博元年市场白皮书》数据显示，仅新浪微博月覆盖人数就达4400万，2010年7月，新浪微博产生的总微博数超过9000万，每天产生的微博数超过300万，平均每秒会有近40条微博产生。这个群体已经变得不容忽视。根据新浪发布的2011第三季度报告，新浪微博用户已达2.5亿，而这一数字仍继续处于快速增长之中。于是，国内媒体界、名人明星、政府机构、企业都在积极参与，使得微博的声势越来越大，自然也成为企业传播信息的主要战场。

微博还是有一些特点是大家在"织围脖"的时候不会特别注意的，但是，这些特点对于微博营销却有很重要的意义。只有利用好了微博的特点，才能抓住微博营销的要点，才能让产品在微博上吸引眼球，达到营销的目的。

**碎片化**。微博140字的字数限制使微博先天就具有明显的碎片化特质。然而正是微博的碎片化内容表现形式符合了网民在时间上和信息获取上的碎片化现状，从而使微博碎片式的表述更加符合现代人的生活节奏和阅读习惯。短小精悍的、没有繁多修饰的内容正可以减少网民的阅读时间，节省网民的注意力，方便了他们在有限时间和精力的前提下，获取更多有效的信息。

**自媒体**。微博上每个人都是信息的产生者、传播者、处理者和接受者，特别是在接二连三的突发和热点事件中，很多来自于草根族的一线报道让大家能够在第一时间了解到最为真实的现场情况。正如twitter的创始人之一埃文·威廉姆斯所言："即使再庞大的新闻媒体，也不会像twitter一样在世界各地拥有众多新闻记者。"微博像一只看不见的手，牵引着全球各地的微博用户记录和发布他们生活圈里的新闻与事件，这么庞大的新闻信息源，想想就让人兴奋！

**SNS**。理论上，微博是通过不同的标签属性，将微博主与具有共性的粉丝联系起来的互动平台，因此，微博是典型的社交型网络应用。社交型网络的特质使得微博的自媒体传播成为可能。自媒体通过"六度分割"理论和"病毒"式传播，将信息的传递速度和规模无限放大。因此，微博不仅囊括了全世界的"记者"，也囊括了全世界的"信息接收者"。

**长尾与短尾的结合**。形式上，成千上万的草根微博主是微博的基础，因此微博是一个典型的"长尾"媒体。实际上，少数掌握话语权的意见领袖活跃在微博上，成为比其他微博主更有影响力的微博达人。根据"六度分割"理论，一则有价值的新闻源会很快进入至少一个记者微博主的视野，而"围脖"的圈子的功能，又使得更多的媒体人士获得信息并迅速跟进，因此，微博也同时具有"短尾"媒体的特质。微博的"长尾"与"短尾"相结合的媒体属性，使得微博在传播速度和传播规模上都远远超过其他任何形式的媒体。

**大众与小众的结合**。基于新浪这样的大型门户网站，使得新浪微博拥有庞大的注册用户，明显具有大众传播的特质。而标签、同城、话题、微博群等应用又使得微博能够按照特定要求形成很多小的圈子，从而具有小众传播属性。这样，大众传播与小众传播完美结合。

**优点集合体**。形式上微博只是微型的博客，但在本质上，微博要比博客复杂得多，远远不是"微型博客"那么简单。微博不仅有它的创新，而且几乎成为包括网络新闻、论坛、博客、SNS、IM、邮箱等在内的先前所有互联网应用的优点集合体。

## 微博要怎么营销

微博的140字限制不仅让发消息变得容易轻松，也让刷屏变得越来越普遍。企业的营销微博如果不能在微博内容上有所创意，必然会被其他人的有趣微博所掩盖。而如果企业只是短时间"玩玩"微博，那营销信息更是没有办法顺利地到达目标消费人群。所以，在我们看到微博营销美好一面的同时，也应该看到在微博营销中激烈的竞争形势。在微博中，企业不仅要和同行业的竞争对手交锋，更要与其他有趣搞笑的微博争夺网民的眼球和注意力。在这样竞争异常激烈而广泛的环境中，企业微博营销该如何开展呢？

**首先，企业微博营销应该有专项项目小组进行长期管理**。微博小组主要负责日常的信息发布；官方微博、领军人物微博和相关名人微博的统筹和管理；网民反映相关问题的收集，并与企业相关部门做好沟通；将微博营销与企业其他营销进行无缝对接，做好协调和整合工作等。这就要求负责人必须深刻了解网络和社会热点，必须是互联网的高手加品牌意识强的企业高层。

其次，要长期持续更新微博，以及和社会各界微博互动，保证微博暴露程度，以及粉丝的持续增加。这一点主要强调微博运作的可持续性与不断深入发展的潜能。在2010年左右，有很多企业跟风进入微博营销行列，但在短期的尝试和探索后，很多企业还没有等到微博营销发挥作用就"冰封"了官方微博。或者有的企业坚持住了，却不能保证微博的长期活跃，不能做到将企业发生的有营销价值的信息发布在微博上，这都导致企业微博营销效果不尽如人意。微博营销是一个向外界宣传企业优良形象，介绍产品和服务的渠道，它的作用是在潜移默化中影响消费者的消费决策，而不能快速短期地形成巨大的市场需求。所以，企业必须坚持长期稳定地运作商业微博，才能实现企业形象优化、产品推广、市场培养等目的。

再次，要保证优秀的微博内容。企业微博营销人员进行的最直接而且最重要的一项工作就是通过微博发布信息。只有内容才能吸引关注和转载，才能使微博产生足够的生命力和影响力，这是微博成功的关键。由于企业的微博定位、作用不同于个人微博，事关企业的运营安全，所以安全的信息需要经过认真思考和衡量，要从用户心理和企业目标的角度出发，考虑各方面的问题。微博营销发布的信息是为了吸引其他用户的注意，必须强调微博的可读性、有趣性、有价值和一致性。其中一致性是指企业要注意自己发布的微博内容要自成体系，在表达方式、内容倾向等方面都要拥有自己的特点，并能长期保持这种一致性，才会给用户一个系统和直观的整体感受。这就要求官方微博除了发布公司的相关信息外，还可以关注公司产品领域的市场和产业问题，相关博文要有可读性，分析类博文要有深度。公司高管的个人微博要针对更为广泛的群众，内容要有趣味性，涉及内容更为广泛，可以针对社会热点，也可以晒晒温馨的家庭趣事。

最后，微博的表现形式可以更加丰富多样。微博可以通过发布一些线上活动、第三方关联软件以及增加与网民的互动机会等来提高微博的有趣性和亲民性。

①活动营销。线上活动是指由企业发起的关注企业近期新产品推出、产品销售、产品更新等活动。网民可以通过关注活动、指定数量好友、转发微

博等方式加入企业宣传活动。微博的精准性和超强的互动性，使微博非常适合进行营销活动。因为关注企业官方微博的一般都是对企业产品感兴趣的网民和组织，通过发微博举办活动，可以进一步吸引这些粉丝的眼球，活动的组织也会增强消费者对产品的黏性和忠诚度。

②植入式营销。微博平台主要是微博主秀自己故事和思想的平台，任何过于商业化的微博内容都会引起粉丝的反感，达不到营销的目的。草根和名人微博拥有众多粉丝，通过这些微博达人进行适当的营销，往往会取得很好的效果。但是需要注意一点，经由微博达人传播时，传播内容和文体与意境风格都要尽量与微博主本身风格相近，经过精心策划的相对含蓄的植入式营销便成为微博营销的一种能够获得更好传播效果的推广方式。

③调查与反馈。当企业官方微博有一定数量的粉丝基础时，企业可以通过微博来做相关市场调查和信息反馈。微博上的真实声音可以帮助企业迅速接触到消费者，了解消费者对产品的感受，获取市场动态。同时，粉丝参与这些环节会使粉丝感受到企业对消费者的重视和关注度，提升消费者对产品和企业的忠诚度。当然，微博便捷而快速的沟通形式更加便于客服人员与消费者进行实时沟通。

④第三方软件。第三方应用软件是微博的一个亮点，用户可以通过自己的账号授权第三方软件和微博进行互动，很多有意思的、功能独特的第三方软件可以吸引数百万人授权应用。比如一些图片处理网站会与新浪微博合作，推出类似于"看看40年后你长着怎样的一张脸"的活动。网民只要将自己的微博与软件进行连接，就可以得到有趣好玩的结果。这种强大的吸引力对于企业进行营销活动具有相当大的诱惑。以新浪微博为例，第三方应用软件一般包括收集客户端等手机辅助类软件、PC客户端、聊天机器人、浏览器工具、博客插件、站长工具、微博小工具和游戏等。在这一领域，企业可以通过投入开发第三方应用软件或者与专业的开发商进行合作，开发适合企业的应用软件，吸引用户的关注度，鼓励用户使用，从而使企业的产品、服务、形象能够更好地在微博平台上自发地传播。

# 微博营销小技巧

**实名认证。**不论是公司官网，还是公司领军人物的个人微博，都可以申请到新浪的官方实名认证，即V字认证。经过实名认证后，微博就可以进入品牌堂和名人堂，新浪一般会给予不同方式、不同程度的推送。被新浪推送的微博，不论个人微博还是企业官方微博，都会经历一段短时间内粉丝数爆发式增长的时期。这一时期过后，虽然粉丝数依然有较高又稳定的增长，但都无法再次上演V字认证初期的粉丝暴增情况。所以，其实V字认证也是一个企业需要抓住的机会。

**填好标签。**在大多数微博的设定上，每个微博账号都可以拥有10个标签，标签就像是你的网站在搜索引擎内的关键词，每一个标签都是一个社会名片，选择和自己相关的标签最为恰当。作为企业微博，最好将自己的企业发展领域列在标签上，信息越丰富越完善的公司微博，就会给人越真实越可靠的感觉。

**及时响应。**不论是新产品推出，还是企业有所革新，官方微博都需要及时与网民沟通。沟通内容小到关于企业产品的一些疑问，大到行业的未来变化预测，企业都应该以亲和的姿态回答网民的问题。这样才能与网民建立起稳定的关系，从而带动市场推广与产品销售。当然，如果微博里出现关于企业的负面消息，官方微博不仅要做好事件调查，还要第一时间与网民进行沟通，并作出官方解释和发言。这样不仅可以为企业树立良好的道德形象，也能提高网民对企业的信任和依赖。转危机为机会，这也是微博营销作为一种公关营销的极致追求。

**装修很重要。**企业的个性模板在制作中比企业网站设计更难，因为微博的模板的个性化空间比较窄小，大多就是支持修改头像和更换背景颜色，企业博客的两边装饰最好能够在风格色调上保持一致。同时，在微博上的个人网站部分加入企业的网址或者博客，这样，当网民在阅读微博过程中遇到感兴趣的话题时，也可以快速在企业的网站或者博客中找到答案，从而为博客发展一批潜在的读者，并实现二次传播。

**信息发布妙语连珠**。企业微博在发布信息时，过于企业化则很容易被看成是广告，会被无视。所以企业在发布微博时要保证这些更新有阅读价值，不要发布一些无聊的更新，多发些有趣的、有特色的更新，才会得到转发。企业应通过微博来拉近和网民的关系，不要太严肃，否则会被觉得很无聊而取消关注。

**交流很重要**。很多微博初期粉丝增速飞快，但新鲜感过后其粉丝转向一些善于交流的微博。后者尽管在普通大众的知名度并不是很高，但是善于交流和回答粉丝问答，让粉丝互动的积极性增大了很多。为了形成良好的互动交流，企业微博应该关注更多的用户，并积极参与回复讨论，甚至在回复、转发之中创造营销机会。

**图片抓眼球**。在微博上，每分钟都会有数以万计的内容发布出来，即使是名人微博或企业微博，也同样会被淹没在信息海洋中，如何实现万花丛中一点绿？最简单的办法就是附上和文字相关的图片，让你的微博变成图片新闻。因为微博本身很简单，只有140个以内的汉字，看上去很单调无聊，但是如果有了图片，就会觉得生动很多，很容易吸引人的眼球。

**巧用知名媒体和明星赢得热推**。知名媒体和明星可以刺激人评论并转发你的这条微博，从而实现进一步的分享。在不确定时间下，或许能够获得意外的收获。

**主动互粉核心用户**。很多企业微博很注意互动，但却不注重互粉。当然，一个企业微博可能会有数以万计的粉丝，统统互粉也不现实。但观察大多数企业微博，受关注的人很多都没有超过三位数，而且大多是媒体、企业或者实名认证的知名微博。企业微博也要关注普通微博，要对那些经常转发自己微博的人以关注，转发在5次以上的，积极参加讨论的，通常都是关注这个企业的核心粉丝。尽管对方的微博影响力可能微不足道，但这将赢得客户的心，会让他有荣誉感，或许线下他会主动为你做口碑宣传。

# 网络广告营销

## 网络广告概述

　　网络广告就是在网络上做的广告，是利用网站上的广告横幅、文本链接、多媒体等，在互联网上刊登或发布广告，通过网络将信息传递给互联网用户的一种高科技广告运作方式。

　　网络广告的形式大致有以下几种：

　　①文字链接型广告。

　　②旗帜广告。

　　③主页型广告。

　　④电子邮件广告。

　　⑤视频广告。

　　⑥画中画广告（也叫弹出广告）。

　　⑦嵌入式广告。

　　⑧交互类广告。

　　相对于传统媒体上的广告，网络广告有其自身独特的优点：

　　①网络广告的制作和管理成本都比传统媒体低，据统计，网络广告的千人成本仅仅是报纸的1/5，电视的1/8。

　　②网络广告能够进行跨地域和时空的传播。

　　③网络广告更加精准，某个网站的使用者具有类似的爱好和兴趣，关注

类似的信息，因此，网络广告可以做到更加精确、有的放矢。

④网络广告灵活性和快捷性更高。

⑤网络广告用户的自主选择性更高。

⑥受众数量可准确统计，互联网上可通过权威公正的访客流量统计系统精确统计出每个广告被多少个用户浏览过。

当然，网络广告也有自身的缺点。最主要的缺点是，网络上的信息量太大，企业的广告如何能从其中脱颖而出，是非常具有挑战性的工作，而这点正直接影响了网络广告的实战效果；另一个缺点是网络广告被屏蔽的可能性更高，由于受众具有信息筛选的权利，他们能自主地选择是否接受广告信息，比如现在最常用的一些网络广告形式——弹窗、旗帜，受众都是可以忽略这些信息的，而采用过于强制性的手段，会引起受众心理上的反感，使得广告反而起了负面的作用。

网络广告效果的衡量对于企业来说，至关重要，直接关系到企业决定是否做网络广告，以及在什么地方做网络广告的决策。目前，比较通用的一些广告计费方式如表3-1所示。

表3-1　通用广告计费方式

| 计费方式 | 计算公式 | 说明 |
| --- | --- | --- |
| CPM<br>千人广告成本<br>(Cost Per Mille) | 千人广告成本=广告购买成本/广告页面的访问次数×1 000 | 这种方式具有很多优点：能保证客户所付出的广告费用和浏览人数直接挂钩，它只按实际的访问人数收费；可以鼓励网站尽量提高自己网页的浏览人数；可以避免客户只愿意在主页上做广告的情况，因为按照CPM的计价方式，在主页做广告和在其他页面做广告的收益和付出比是一样的。一般来说，媒体提供商比较偏爱CPM这种计费方式 |
| CPC<br>每次点击成本<br>(Cost Per Click-Through) | 以广告被点击并链接到相关网址一次为基准 | 这种方法加上点击率限制可以防止作弊，是广告主比较喜欢的方式。但是不少经营广告的网站觉得不公平，因为虽然浏览者没有点击，但是他已经看到了广告，对于这些看到广告却没有点击的流量来说，网站白忙活了，很多网站不愿意做这样的广告 |

续表

| 计费方式 | 计算公式 | 说明 |
|---|---|---|
| CPA<br>每行动成本<br>(Cost Per Action) | 按广告投放实际效果，即按回应的有效问卷或订单来计费，而不限广告投放量 | CPA的计价方式对于网站而言有一定的风险，但若广告投放成功，其收益比CPM的计价方式要大得多<br>对技术的要求比较高，要有一套完整的效果追踪监测系统，并且涉及多家系统的整合。国内目前还没有较完整的解决方案，但是毋庸置疑，CPA是网络广告付费的大趋势 |
| CPP<br>每购买成本<br>(Cost Per Purchase) | 只有在网络用户点击广告并进行在线交易后，才按销售笔数付给广告站点费用 | 广告主可以最大限度地规避广告费用风险 |
| PFP<br>按业绩付费<br>(Pay-For-Performance) | 基于业绩的定价，计费基准有点击次数、销售业绩等 | 今后的趋势是从目前的广告收费模式——CPM转变为按业绩收费的模式。不管采用的标准是什么，可以肯定的是，这种计价模式将被广泛采用 |
| 包月方式 | 不管效果好坏、访问量有多少，一律按照"一个月多少钱"这种固定收费模式来收费 | 这对客户和网站都不公平，无法保障广告客户的利益 |

**数据1：网络广告收入现状**

根据艾瑞咨询发布的《2011年第三季度数据产品监测报告》数据显示，2011年第三季度广告主数、投放天次以及投放费用三项关键指标较第二季度都有明显增加，三项指标均达此前5个季度来的新高。其中，投放天次环比增长近3成至239万天次，广告主数量和投放费用的环比涨幅也在15%左右，第三季度9455个广告主共达53.6亿元的投放费用。

2010年，互联网广告媒体快速增长，全球网络广告市场规模达到618.8亿元，占全球广告总体市场份额的14.0%，同比增长14.2个百分点。

2011年第三季度中国搜索引擎市场规模达到55.1亿元，环比上升24.7%，同比上升77.8%，较上一季度增加了13.3%，继续维持稳定上升趋势。

数据2：网络广告发展情况预测（见图3-4和图3-5）

中国网络营销发展情况：网络广告营收占比滞后于网
民渗透率，网络广告价值依然被低估

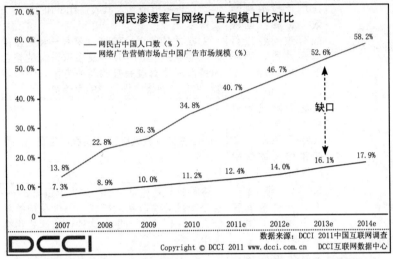

●2010年中国网络广告营销占中国广告市场规模比例为11.2%，预计未来几年内该比例仍显著提升，2014年将达17.9%；
●尽管这样，中国的网络广告市场依然被低估，DCCI统计发现，2010年中国网民占中国人口数的比例为34.8%，预计2013年该比例将突破50%，但网络广告营销占中国广告市场的比例依然较低，网络广告在诸多方面尚需提升。

图3-4　中国网络营销发展情况

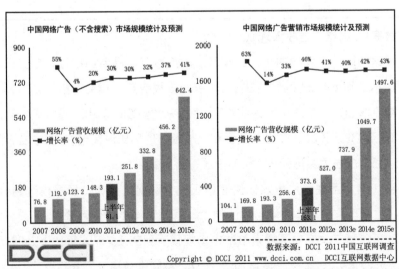

图3-5　中国网络广告营销市场总体规模与增长率

# 如何让网络广告大放异彩？

首先，制定科学有效的网络广告定位策略。这是企业网络广告宣传成败的决定因素。

定位策略就是指企业提炼其产品的卖点，确定广告的诉求和企业自我推销点，即确定网络广告要"说什么"。企业做网络广告的最终目的，是吸引顾客注意力，并且购买产品。那么，网络广告如何能够吸引顾客的注意力呢？告诉顾客，企业的产品有其独特之处，能够满足其特定的需求。

企业的广告定位策略有哪些呢？

## 1. 抢先定位

一位广告业业内人士说："开创新品类永远是品牌定位的首选，一个品牌如果能将自己定位为与强势对手所不同的选择，其效果往往是惊人的。"比如红罐王老吉作为第一个预防上火的饮料推向市场，一句"怕上火，喝王老吉"，脍炙人口，人们通过它知道和接受了预防上火的饮料，最终王老吉几乎就等于是预防上火饮料的代名词。

## 2. 跟随定位

跟随定位是指跟随行业先行者，进行自身广告的定位。这时的定位，通常是以行业先行者为靶子，强调自身与行业先行者的联系或者是区别，从而在受众心中留下印象。

比如盒装的王老吉做广告时，其广告语最后确定为："王老吉，还有盒装"。这样，它就能大量借用红罐王老吉的表现元素，以便更好地与红罐王老吉产生关联，易于消费者记忆。

## 3. 空隙定位

通过寻找消费者对产品功能或者消费习惯等需求的空隙，运用网络广告进行弥补，与竞争对手争夺市场份额（见图3-6）。

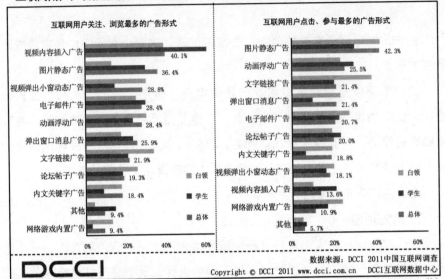

互联网用户广告接触情况：不同受众对不同形式广告的关注、参与程度存在一定差异

● 广告关注度：总体互联网用户专注、浏览最多的广告形式为视频内容插入广告，占比40.1%；其次为图片静态广告，占比36.4%，学生对视频内容插入广告的关注程度远高于总体和白领用户。而白领对"视频弹出小窗口动态广告"，以及文字链接、论坛广告、内容关键字、游戏内置广告的关注度高于学生也高于总体。

● 广告参与度：总体互联网用户点击、参与最多的广告形式为图片静态广告，占比为42.3%；其次为动画浮动广告，占比为25.5%。互联网用户关注、浏览和点击、参与的广告类型存在一定差异。白领对图片、文字链接以及电子邮件广告、游戏内置广告参与度都高于学生和网民总体。

图3-6 互联网用户广告接触情况

# 电子邮件营销

## 电子邮件营销概论

电子邮件营销是在用户事先许可的前提下，通过电子邮件的方式向目标用户传递有价值信息的一种网络营销手段。这里，邮件营销的定义中强调了三个基本因素：基于用户许可、通过电子邮件传递信息、信息对用户是有价值的。三个因素缺少一个，都不能称之为有效的电子邮件营销。

电子邮件营销并不是简单意义上的通过电子邮件进行营销，而是受众在相关的网站上，预订了相关产品或服务信息后，企业通过电子邮件的形式向受众提供相关产品信息的营销行为。

电子邮件具有传输快、复制方便，而又带有私人色彩的特点。一条信息可以在顷刻间传递给成千上万的受众，它是网络营销技巧中经常用到的一个强大法宝。

根据不完全统计，上过网的人96.5%都有自己的电子邮件。DCCI的调研结果表明，2011年，在各种网络应用中，综合门户和电子邮件的使用程度最高（见图3-7）。

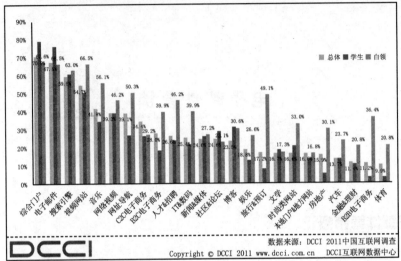

●2010年受众对不同网络应用的使用情况：受众使用最多的网络应用为综合门户，比重为70.9%；其次为电子邮件，比重为67.5%。

●2010年受众对不同网络应用的使用情况：学生使用综合门户、电子邮件的比重远大于总体受众和白领受众，白领受众使用电子商务、视频音乐、人才招聘等方面的比例远大于总体受众和学生受众。

**图3-7　受众对不同互联网应用的使用情况**

电子邮件如此宽的人员覆盖率，加之邮件营销是所有营销方式中成本最小的，如此低的成本，如此高额的潜在回报率，对于企业来说，都具有非常大的吸引力。如果能将电子邮件营销利用好，可以说，企业的营销能够取得非常重大的进步。

## 深刻理解电子邮件营销

Web Power中国区总监谢晶曾在采访中说："在邮件营销中，我们所认同的一个真谛就是提供具有高度相关性的内容给我们的受众。"

高相关度的信息，和现在盛行的"精准营销"理念不谋而合。精准营销（Precision Marketing）是由"现代营销管理之父"菲利普·科特勒于2005年在全球巡回演讲论坛上首次提出的，他认为这将是营销传播的新趋势，他对精准营销的阐释是："公司需要更精准、可衡量和高投资回报的营销沟通，需要更注重结果和行动的营销传播计划，还有越来越注重对直接销售沟通的投资。"精准营销背后的核心逻辑是"物以类聚，人以群分"，在这个逻辑基础上，强调对消费者进行分类，把握特定消费群的消费模式和消费偏向，从而实现对其精准营销，切中其核心需要。

为什么要强调精准营销？因为这种方式能够最大幅度地提高顾客总价值，也就是"顾客让渡价值"。精准营销能够实现真正意义上的"一对一"的营销，一方面，产品或服务与消费者的需求和个性要求最为相符，能够与消费者达到最大的契合度，提供的产品或服务质量优质、价值最大；另一方面，由于是"一对一"的营销，顾客获得的信息就是其最需要的，省去了非常耗费时间的信息查找和筛选过程，企业提供的销售服务周密而又完善，顾客的成本最小化。两方面都使顾客的让渡价值最大化，从而更容易引导消费者的需求和消费倾向，从而形成顾客对企业品牌的忠诚度。

在所有的营销方式中，邮件营销是最能实现精准营销理念的方式。试问，还有哪种方式能够像邮件营销这样，做到真正意义上的"一对一"营销呢？从精准营销和顾客让渡价值的角度，我们可以更加深刻地理解邮件营销的核心竞争力和最本质的特征。

有一点企业一定要记住：不做客户分析，只是盲目撒大网，向数量众多的顾客发送邮件，只会让顾客渐渐将企业的邮件当成垃圾邮件，就算有一天，企业发送的信息中有顾客感兴趣的内容，顾客也不会再点击邮件阅读。

## 掌握邮件营销的实战诀窍

做好邮件营销，很多细节是不能忽略的，掌握并贯彻邮件营销的实战诀窍，对于做好邮件营销是至关重要的。比如在邮件营销中，有些应该注意的诀窍：

诀窍1：将公司logo固定在同一位置。

诀窍2：善用E-mail预览框架。

诀窍3：使用统一字体。

诀窍4：运用不同颜色来强调重点。

诀窍5：简洁明了，突出重点。

诀窍6：使用图片作为补充。

诀窍7：行文排版，巧用空行。

诀窍8：切勿在图片中嵌入正文。

诀窍9：简约而不简单。

# SNS营销

## SNS概述

SNS有三层含义: Social Networking Services, 社交网络服务; Social Networking Software, 社交网络软件; Social Networking Sites, 社交网络网站。这三层含义共同的内容都是社交网络, 即Social Networking。

CNNIC调查发现, SNS的主体用户是学生和职场人士。

Google trends对几大SNS的搜索量指数排名如图3-8所示:

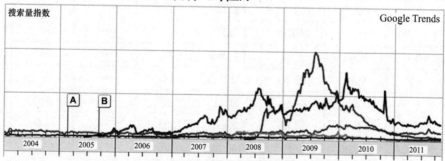

图3-8 Google trends 对几大SNS的搜索量指数排名

百度指数对比结果图如图3-9所示:

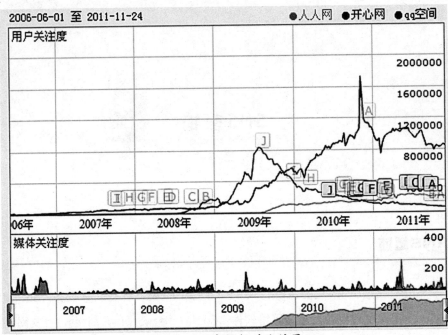

图3-9　百度指数对比结果

Chinalabs网站监控的SNS TOP10网站如表3-2所示：

表3-2　Chinalabs 网站监控的SNS TOP10网站

| 行业排名 | 站点名称 | CIIS值 | 变动幅度 | 国内排名 | 涨跌 | 全球排名 |
|---|---|---|---|---|---|---|
| 1 | 人人网 | 222.45 | ↓1.88% | 17 | →←← | 84 |
| 2 | 开心网 | 109.51 | ↑0.35% | 36 | →←← | 174 |
| 3 | NING | 95.61 | ↑2.35% | 40 | →←← | 262 |
| 4 | XING | 59.40 | ↓11.21% | 66 | →←← | 260 |
| 5 | 51.com | 44.96 | ↓11.31% | 91 | →←← | 489 |
| 6 | P1 | 10.83 | ↑8.57% | 302 | →←← | 5165 |
| 7 | 蜂巢网 | 9.29 | ↑190.01% | 336 | ↑6 | 247 247 |
| 8 | 我的天涯 | 8.87 | ↑9.27% | →←← | ↓1 | |
| 9 | 人脉库 | 6.76 | ↓2.80% | 421 | →←← | 7699 |
| 10 | 聚友 | 5.48 | ↓31.80% | 490 | ↓2 | 3991 |

　　由多方数据可以发现，人人网和开心网是目前顾客量最大的两大SNS，qq空间的访问量也非常大。

# 深刻理解SNS

SNS让互联网上的交流方式变成了人与人之间直接的互动交流，在SNS上，每个人都拥有自己的社交关系网络，在这个网络上，人们展示自己，书写日志，记录自己的生活点滴，实现个人信息最大程度上的展示。

现在公认的SNS理论基础是六度分割理论(six degrees of separation)，它是哈佛大学心理学教授斯利·米尔格兰姆提出来的，这个理论认为你和任何一个陌生人之间所间隔的人不会超过6个，也就是说，最多通过6个人你就能够认识任何一个陌生人。按照这个理论，每个个体的社交圈都能不断放大，形成一个巨大的社交网络，信息可以在这个网络中进行流传。

"六度分割"理论只是从关系形成的角度解释了社交网络，而没有涉及关系强弱的区分。学者格兰诺维特（Granovetter）在《弱关系的力量》一文中，将人与人之间的社会关系网络分成了强关系（strong tie）和弱关系（weak tie）两类。关系的强弱可以从互动的频率、感情的力量、亲密的程度、互惠互换四个纬度进行测量。若互动的次数多、感情较强、关系密切、交换多而广则为强关系，反之则为弱关系。双方关系强，则信任度高，口碑信息影响力大。可以说，在所有营销利器中，SNS是关系强度最高的，如人人网上的好友圈，几乎就是真实人际关系在互联网上的复制。

SNS这样的特性决定了其在营销中具有独特的优势和地位。

SNS上注册的人，填写的个人资料一般都是真实的（当然不排除虚假信息的介入，但是在所有注册类网站中，SNS应该是真实身份资料比例最高的了），因为在SNS，个人会写关于生活感悟的日志，会发个人照片，个人的形象更加丰满，具有更多数据属性。这些都让SNS上的顾客具有非常高的真实性。这样一个特性，对于营销来说，最大的优势就是能够进行更为精准的细分人群分析，找到SNS用户的基本特性和需求，从而实现精准营销的目标。

SNS上真实的人与人之间的关系，SNS上巨大的强关系网络，为顾客相互之间的信息分享和企业信息的传播提供了非常有利的保障。好玩的游戏、有用的信息、良好的产品体验都在人群中得到传播。SNS强大的综合人际网，口碑传播渠道更为广阔，传播速度更迅速，传播形式更自由，传播领域更集中。

但是另一方面，也要看到SNS营销的一些缺陷。

第一，本质上，SNS是一个个具有相同属性的人组成的圈子，这些细化的圈子，虽然给精准营销带来了极大的便利，但同时也限制了营销的规模化和可复制性。

第二，SNS中非常看重信息的非商业性，对于商业的排斥度非常高。一位广告主提道："不要把社会化媒体视为直接营销工具。你一旦开始向别人推销，别人就会立即切断与你的对话，而应该把社会化媒体视为一种建立更加深入、更具个人色彩的客户关系的平台。"但是，建立深入的、个性化的客户关系平台，不是一朝一夕的事情，需要时间的积累，这里就存在投入和产出的计算与衡量。企业是否有长远的眼光，是否愿意投入大量的精力进行品牌的建立和维护，是否能够灵活把握品牌在客户中的切入角度和良好有效的互动方式，建立起与顾客持续性沟通的机制，这些都是企业需要仔细思考的事情。

## SNS营销的主要营销模式

①将广告信息植入社交游戏。

②活动事件营销。

③目标受众群定制的显示广告。

④产品和品牌的群组。

⑤开发应用平台。

# 网络游戏营销

## 网络游戏营销概述

网络游戏营销是指企业以网络游戏为载体进行的营销。其中，网络游戏是指以互联网为传输媒介，以游戏运营商服务器和用户计算机为处理终端，以游戏客户端软件为信息交互窗口的旨在实现娱乐、休闲、交流和取得虚拟成就的具有可持续性的个体性多人在线游戏。

在网络游戏营销中，非常重要的一种方式就是网络游戏内置广告（In-Game Advertising，IGA），它是指通过网络游戏为媒介所投入的广告，其主要表现形式包括静态、动态游戏内置广告，是基于互联网和无线通信技术的一种新媒体形式。IGA最早的案例是2005年4月可口可乐与网络游戏运营商游第九城建立战略合作伙伴关系，开始在品牌、市场等领域开展全方位合作。随后，出现了百事可乐联手第九城的网络游戏《激战》，王老吉携手《剑侠世界》，三星联手腾讯公司独家代理的网络游戏《地下城与勇士》，网易与统一集团，IGA战场开始燃起阵阵硝烟。

网络游戏营销的主要方式有：

### 1. 品牌植入

这种方法是指利用游戏中的游戏元素如道具、场景等，实现对品牌的曝光。这种方法的优势是能够有效实现品牌的曝光度，缺点是无法监测品牌曝光的数量和质量。

### 2. 道具植入

通过道具与产品的关联，最大限度地让用户认知产品的相关特性。道具植入与品牌植入两种形式最大的区别是，品牌植入为静态的，仅仅是视觉的呈现，而道具植入则可以提升玩家在游戏中的某些属性，让玩家了解到更多的产品功能。

### 3. NPC与任务植入

即通过任务的发布以及有奖活动的促进，使游戏内的玩家对品牌以及产品从不了解到完全了解的全过程。这种方法的优势是广告体验度非常好，可以让玩家通过体验了解产品的功能和品牌内在诉求，缺点是任务的设计需要较简单才能有效刺激参与和传播量。

### 4. 定制化游戏社区

在游戏中为品牌定制如会员俱乐部、游戏公会等玩家社团，非常适合快消品牌的社区化营销。当前国内还没有成熟的营销案例，但在国外SECONDLIFE已经在早几年就有了成功的案例。这种方法能有效地利用用户对游戏的黏性而增加对品牌的好感度，但是需要一定的用户基础。

### 5. 定制化游戏

这是完全为品牌量身定制的深入营销合作方式。该方式风险较高，因为大多数品牌不具备运营游戏的经验，需要专业的公司帮助其运营和推广。该合作形式比较适合SNS网站游戏的合作模式，如百事集团下的果汁品牌在开心网等社区网站的果缤纷加工厂就是比较典型的案例。这种方法广告体验度非常好，但是目前，仅仅在SNS游戏中实践是不错的选择，在大型游戏上照搬此模式则存在非常高的投入风险。

### 6. 线上和线下相结合

品牌通过冠名赞助游戏中的竞技赛事从而达到推广的目标，并且可以将线上的游戏赛事衍生到线下的固定场所，如在网吧或者卖场举办相关的推广活动。这种方法是比较成熟的线上活动的方式之一，同互联网其他的线上活动相比，其娱乐性和视觉化的程度更高。但是这种方式中的游戏通常存在下载客户端、登录以及熟悉的过程，老游戏则需要评估其用户量，而新游戏需要一定的时间来培养用户。

# 即时通讯（IM）营销

## IM营销概述

IM是英文instant messaging的缩写，意思是"即时通讯"。它是指使用在线识别用户和实时交换信息技术，依靠互联网平台和移动通信平台，以多种信息格式（文字、图片、声音、视频等）沟通为目的，通过多平台、多终端的通信技术来实现的同平台、跨平台的低成本、高效率的综合性通信方式。IM软件就是完成即时通信功能的载体，它主要提供在线聊天、发送消息和空间展现的功能。第一款IM软件是1996年由四个以色列青年人发明的。在我国，从1999年腾讯推出QQ起，即时通信在中国的发展已有10多年的时间，目前已经经过了萌芽阶段，进入快速发展阶段。目前，中国比较有实力和影响力的即时通讯系统主要有腾讯QQ、微软MSN、新浪UC、网易POPO、雅虎通等，另外还有和网络购物捆绑的淘宝旺旺、和网络游戏捆绑的网络圈圈等，国内即时通讯软件呈现出百花齐放的态势。

IM营销是指网络营销实施主体借助即时通讯软件作为商业信息交互的载体，以实现潜在客户挖掘、客户需求转化以及客户服务优化为目标的有计划、有组织的营销活动。其中，网络营销实施的主体主要包括中小型企业以及个人，从事网络零售业务的个人以及小型企业都是现阶段网络营销的生力军，这一群体倾力于电子商务的业务拓展，面向前沿的电子商务应用，网络营销是其核心业务的主攻方向。潜在客户挖掘、客户需求转化以及客户服务优化是即时通讯软件营销的核心需求。潜在客户挖掘是即时通讯软件营销的前期工作，该工作开展得好坏与否直接关系到后期工作的实际效果，找到准确的目标客户是潜在客户挖掘的重中之重。通过即时通讯软件及时捕捉客户需求，加以适当的引导和激发，最终转化成订单，从而实现网络营销实施主体的盈利目标。不仅如此，在客户服务方面即时通讯软件也可以解答客户疑问，进行客户关怀和客户维护等相关工作，因此即时通讯软件营销的整体概念在这三个部分得到充分的彰显。

中国互联网络信息中心（CNNIC）于7月19日发布了《第28次中国互联网络发展状况统计报告》。报告数据显示，2011年上半年，受众最广的前十大网络应用，具体见第70页表2-4。

从表格中，可以看到，排名前两名的应用为搜索引擎（79.6%）和即时通信（79.4%）。目前即时通信用户已经达到3.85亿，比2010年年底增长3 251万，增长率为9.2%。艾瑞咨询预测，2014年，即时通讯用户规模将达到6.3亿人，即时通信应用使用率从2010年年底的77.1%提升到79.4%，半年用户增长9.2%。即时通信已经提升为用户规模第二大的应用类型，仅次于用户达到3.86亿的搜索引擎，二者用户数仅相差0.02个百分点。从报告趋势来看，即时通讯工具超搜索引擎成为第一大网络应用只是时间问题，也是必然趋势。

艾瑞咨询调研发现，在全体网民中的占比亦将升至78.9%。从2006年开始，即时通讯使用时间占比持续下降，从2006年的50.9%降至2011年的31.4%。这表明互联网服务的不断创新增加了网民上网的自由度，传统网络服务的空间不断受到挤压。但是另一方面，也应该看到，从2006年到2011年，即时通信占浏览时间的比例都是最高的，而且远远高于其他类别的应用（见图3-10）。

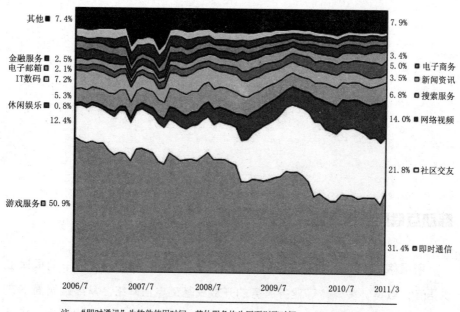

注："即时通讯"为软件使用时间,其他服务均为网页浏览时间;
　　"休闲娱乐"指娱乐资讯、在线音乐、电子相册、星座、图片、动漫等网页浏览时间。

Source:IUserTracker. 家庭办公版2011.6,基于对20万名家庭及办公(不含公共上网地点)样本网络行为的长期监测数据获得。

图3-10　2006~2011年中国网民网络服务月度效浏览时间比例

从图3-10可以看出,即时通信使用率在经历一段时间的下滑后,2011年开始逐步回升,当前手机即时通信是使用率最高的移动互联网应用。2011年,多款手机即时通信工具被推向市场,移动终端制造商、移动运营商、软件开发商等各类企业都开始进军这一领域,这一领域成为众多厂商的突破口。在即时通信市场比较集中、格局相对稳定的传统互联网领域,部分厂商也开始调整发展的策略,多个即时通信产品推出了账号互通服务以及支持用户通过客户端界面直接使用第三方应用,平台化、开放化已是大势所趋。

# 移动互联网营销

## 移动互联网营销概述

所谓移动互联网，从技术层面定义就是指以宽带IP为技术核心，可同时提供语音、数据、多媒体等业务服务的开放式基础电信网络。从终端层面下定义，广义上是指用户使用手机、笔记本、上网本、平板电脑等移动终端，通过移动网络获取移动通信网络服务和互联网服务；狭义上是指用户使用手机终端，通过移动网络浏览互联网站和手机网站，获取多媒体、定制信息等其他数据服务和信息服务。此处，我们使用移动互联网的狭义定义，即专指手机。互联网营销就是指结合移动互联网提供的各种服务进行营销。移动互联网服务是指通过移动网络提供的数据服务、信息服务和广告服务。数据服务包括点对点短信和彩信等通信服务与互联网接入服务；信息服务包括信息内容服务、商务服务和娱乐服务；广告服务包括文字、图形、分类等手机广告服务。

移动互联网独特的运营模式，主要体现在两方面——LBS和SOLOMO。

所谓LBS，英文全称为Location Based Services，它包括两层含义：首先是确定移动设备或用户所在的地理位置；其次是提供与位置相关的各类信息服务。LBS意指与定位相关的各类服务系统，简称"定位服务"，另外一种叫法为MPS-Mobile Position Services，也称为"移动定位服务"系统。从总体上来看，LBS由移动通信网络和计算机网络结合而成，两个网络之间通过网关实现交互。其中移动终端通过移动通信网络发出请求，经过网关传递给LBS服务平台；服务平台则根据用户请求和用户当前位置进行处理，并将结果通过网关返回给用户。

有很多种LBS的形式，比如周边生活服务的搜索，以点评或者生活信息类网站与地理位置服务结合的模式，主要体验在于工具性的实用特质，问题在于信息量的积累和覆盖面需求比较广泛，代表网站为大众点评网。又如与旅游相结合，因为旅游具有明显的移动特性和地理属性，因此LBS和旅游的结合是十分契合的，在这些网站上分享攻略和心得，还体现了一定的社交性质，代表是悠哉旅游网。再如会员卡与票务模式，实现一卡制，捆绑多种会员卡的信息，同时电子化的会员卡能记录消费习惯和信息，充分地使用户感受到简捷的形式和大量的优惠信息聚合。

所谓SOLOMO，是2011年2月著名IT风险投资人约翰·杜尔（John Doerr）提出的一个概念。短短数月，各种科技公司都在谈论这个新词。如图3-11所示，So——Social，社交；Lo——Local，本地位置；Mo——Mobile，移动网络。SoLoMo，即"社交+本地化+移动"的结合，这是目前移动互联网应用中最时髦的一个概念。

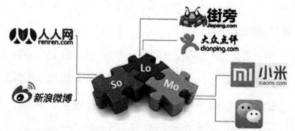

图3-11　SoLoMo在中国互联网中的应用

### SoLoMo—— "So"

人人网是国内最著名的社交网络。它最初是在校园内部风行，很快便击败了开心网和若邻商务社交网。2011年，人人网在纽约证券市场交易所正式上市。人人网有一个很大的优势，那就是注册实名制，这有利于区分用户，实现精准的营销。目前，人人网已经和手机运营商建立合作，以结合社交网络和LBS，表明人人网有向SoLoMo模式迈进的趋势。

### SoLoMo——"Lo"

点评网基于站内上百万条的评论来为国内的用户提供生活的指导，是一个顾客网站。它覆盖2 300多个城市和1.5万个企业，包括美容、水疗、餐饮、婚庆服务、酒店娱乐和购物等。点评网开始于2003年，目前已有用户4000多万，每月页面的总浏览量超过5亿。点评网的SoLoMo策略是依靠公众意见和用户评论，以此获得更大的欢迎度，从而可以更好地向SoLoMo模式发展。

### SoLoMo——"Mo"

小米技术公司是在国内成功复制苹果的公司，不仅成功地复制了苹果的成功模式，而且正在开发基于手机平台的系统和应用程序。它计划通过使用MI（移动即时通讯应用程序）来扩大他们的市场，当然，它必须与HTC和新浪微博展开竞争。当前看来，无论小米手机能否主导国内的手机市场，不可否认的是，他们正在朝SoLoMo的模式发展。

移动互联网具有传统传播方式不可比拟的好处，在移动互联网环境下，品牌传播所面临的是更具互动性、弹性和人性化的传播环境。手机具有令其他媒体难以比拟的独特优势——比电脑普及、比报纸互动、比电视便携。没有哪一种媒体能够拥有如此庞大的潜在用户群，也没有哪一种媒体可以像手机那样深入受众。可以说，手机中的重要应用——手机传播，是有史以来最具影响力的新媒体形式。

众所周知，用户的个人信息，包括行为信息、位置信息、时间信息等对营销人员有非常大的吸引力，而移动定位服务恰恰能够为营销人员提供这些信息。因此，移动营销相对于传统营销来说更加精准、实时、互动。移动营销可以借助建立的信息数据库和定位技术，结合"时间、地点、人物"三要素，推断出用户的即时状态，并进一步明确其当前的消费需求和可能的潜在需求。如通过GPS定位技术，我们可以知道中午12点一个用户在商城附近。根据数据库和时间、地点来分析出用户状态，如果得出用户有可能去吃饭或者想去购物，那么可以向用户推送商城附近餐厅的优惠券和购物的优惠券。如此一来，广告投放更加精准。

当然，移动互联网营销也有它本身的问题。比如，如何把握量的问题。打个比方说，如果人们每到达一个地方都有一条或数条广告信息，谁能承受这么频繁的信息！毕竟，每个人承受信息的能力是有限的，那么如何把握好量的问题呢？再如隐私问题，你愿意被"定位"吗？很大一部分人并不愿意被定位或追踪。因此，移动营销在收集信息的过程中，很可能会在有意或无意之间冒犯了用户的私人空间。

## 移动互联网营销发展现状

CNNIC的数据表明，我国手机网民规模为3.88亿，较2010年年底增加8 494万人，手机网民在总体网民中的比例为68.5%。移动互联网时代已经到来了，无论是用户规模还是手机应用下载次数都有了快速的增长。2010年中国移动互联网用户规模就已经达到3.03亿人，中国3G用户规模达到4 705万人，中国智能手机出货量达到3 019万台，中国手机应用商店用户达到1 400万，且手机应用下载量达到8.63亿次，如图3-12所示。由此可以看出，从2010年开始，中国开始进入移动互联网的大时代！

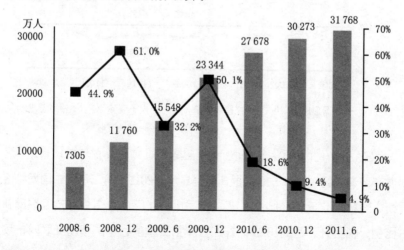

图3-12 近年我国手机网民半年增长率

根据艾瑞咨询调查的数据，中国手机电子商务交易规模在2011年呈爆发状态，如图3-13所示：

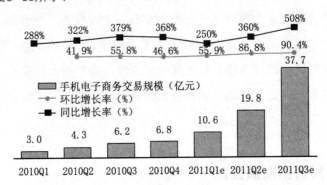

图3-13　2010Q1~2011Q3中国手机电子商务交易规模

同时，可以看到，移动互联网成为中国互联网行业中，增长势头最猛的行业，如图3-14所示。

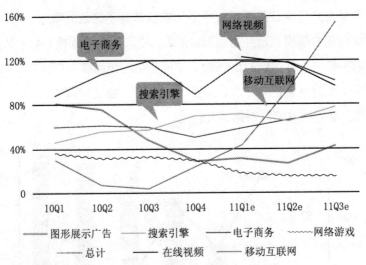

图3-14　2010Q1~2011Q3中国主要互联网行业市场同比增速

艾瑞咨询曾经统计过一组数据，数据显示，2011年第三季度中国网络经济整体规模达到716.1亿元，环比上涨17.1%，同比上涨72.7%。其中移动互联网业务的所占比例大幅上升，达到15.1%。在2011年第三季度，中国移动互联网市场规模达108.3亿元，同比增长154.6%，环比增长38.9%。移动互联网增速较上个季度增长了近18个百分点，整个移动互联网市场爆发的态势显而易见，如图3-15所示。

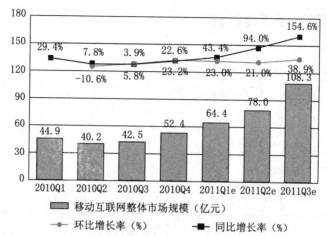

注：中国移动互联网市场规模包括移动增值、手机电子商务、手机广告、手机搜索、手机游戏等细分领域市场规模总和。

Source:根据企业公开财报、行业访谈及艾瑞统计预测模型估算，仅供参考。

©2011.10 iResearch Inc.　　　　　　　　www.iresearch.com.cn

**图3-15　2010Q1~2011Q3移动互联网市场规模**

　　2011年上半年，手机网民对手机上网应用的使用深度进一步提升，各项应用在手机网民中的使用率都有一定提升，如图3-16所示。

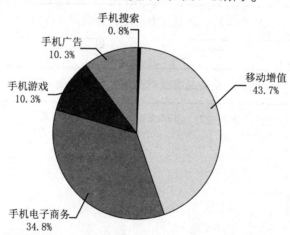

注：2011Q3中国移动互联网市场规模为108.3亿元。

Source:根据企业公开财报、行业访谈及艾瑞统计预测模型估算，仅供参考，部分数据在艾瑞2011Q3季度报告中调整修改。

©2011.10 iResearch Inc.　　　　　　　　www.iresearch.com.cn

**图3-16　2011Q3中国移动互联网主要细分行业构成**

## 移动互联网营销主要形式

移动互联网营销主要形式包括：

①移动电子商务站点营销。

②二维码营销。

③移动终端应用营销。

④手机广告营销。

如图3-17所示：

外围节点：所有互联网入口

枢纽节点：天涯、猫扑、九大门户网站社区（新浪、腾讯、网易、搜狐、凤凰、TOM、雅虎、中华、21CN）、新浪微博、百度百科、百度知道

核心节点：企业官方网站、企业网上商城

靶心：企业品牌或产品的知名度、美誉度

图3-17　移动互联网营销主要形式

第四章

精心策划——网络整合营销

上一章介绍的十二种网络营销方法，它们并不孤单地独自存在，在具体实施中往往"并肩作战"，这十二种营销方法会聚了当前网络营销人的所有智慧。

在具体的营销事件中，从来没有哪一种营销方式能够解决任何一次真正意义上的网络营销。实际上，任何一次营销事件的成功都离不开整合营销——多种营销方式的组合。本章将以家喻户晓的网络营销事件为例，告诉你如何灵活运用整合营销，整合营销应该如何安排，其实施方法又将如何实施以及整合营销的现实意义。

# 网络营销方法整合应用模型
## ——"一石激起千层浪"

上一章，我们精确而详细地分析了网络营销的各种利器。实际上，企业一般不会只选一种网络营销方法，而是会将各种网络营销利器组合起来，进行整合式的网络营销。整合式网络营销是网络营销中非常重要的理念，它是指精确分析各种网络媒体资源的定位、用户行为和投入成本，根据企业的客观实际情况（如企业规模、发展战略、广告预算等）为企业提供最具性价比的一种或者多种个性化网络营销解决方案。整合式网络营销，也叫网络整合式营销，或者个性化网络营销。简单地说，就是整合各种网络营销方法，和客户的客观需求进行有效比配，给客户提供最佳的一种或者多种网络营销方法。

网络营销各种方式的整合应用包括口碑营销、网络红人营销、事件营销、借势营销和病毒式营销等几种方式，这些方式所含内容各有不同，其所传播的信息有所差异。但细究之下可以发现，在种种整合营销方式背后，蕴涵着一套相同的传播原理和机制。此处，根据笔者自己多年丰富的网络营销实战经验，提出网络营销整合传播的"一石激起千层浪"模型，帮助读者理解各类整合方式的本质特征。模型如图4-1所示：

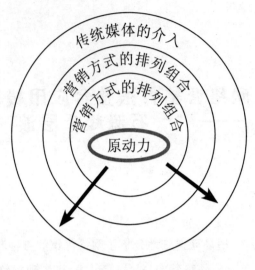

图4-1  "一石激起千层浪"模型

此模型由四部分组成，形象地表述出网络营销整合传播过程中，信息传播的途径和覆盖面。

第一，需要企业策划出引发网络营销的原动力。这是引发网络整合营销传播的初始动力，所有网络营销的内容传播都是从这里开始的。

第二，在设定好网络营销整合传播的原始动力后，需要选择合适的网络营销方式，并且合理利用各种营销方式，发挥彼此的优势，避免彼此的劣势，达到互补从而发挥网络营销整合传播最大的功效。这一步，企业主动将信息发布到各个合适的网络营销渠道上，拉动消费者关注企业要传播的服务或产品信息。

第三，是消费者的自发传播。通过第二步企业进行的拉动式营销，消费者卷入了营销过程，开始主动传播企业产品或服务的信息，自发地成为企业整合营销传播的媒介和动力。

最后，由于在消费者中引起了非常大的反响，传统媒体开始介入，比如各个电视台、权威报纸、广播电台等，对事件进行报道。这些传统媒体的公信力以及详尽的报道，可以进一步增强企业网络整合营销传播的力度，从而引起信息的二次传播，进而在很大程度上加深企业网络营销的深度和广度。

当然，在整合营销传播过程中，这几个过程不是严格分开的，其中会有很多重合的地方。有时候，比如消费者的自发传播和企业的营销方式组合过程可能会重合；当传统媒体进行报道后，企业可以将这些报道放到网络营销中，进行二次营销。

下面，我们看看"买光王老吉"网络事件营销案例：

**案例简述：**

2008年5月12日，汶川大地震牵动着全国人民的心。在这场特大灾难中，企业的赈灾善举成为备受关注的焦点，捐赠额度和速度成为当时人们评判企业是否乐于履行社会责任的重要标准。

5月18日，在中央电视台"爱的奉献"大型募捐活动中，生产红罐王老吉的加多宝集团为四川灾区捐款1亿元，一夜之间，这个民族饮料品牌迅速成为公众聚焦的中心。

5月19日晚，天涯论坛上出现了名为《让王老吉从中国的货架上消失，封杀它！》的帖子："王老吉，你够狠！捐一个亿，胆敢是王石的200倍！为了整治这个嚣张的企业，买光超市的王老吉！上一罐买一罐！不买的就不要顶这个帖子啦！"这个热帖迅速被搜狐、网易、腾讯、奇虎等国内人气论坛转载，受到网友的热捧。几日之后，类似的帖子充斥大大小小各类网络社区，"要捐就捐一个亿，要喝就喝王老吉"、"为了'整治'这个嚣张的企业，买光超市的王老吉"等言论如病毒般迅速在网络里扩散，成为民众热议的话题。很多论坛的网友随即跟帖，"喝着王老吉出来打酱油"、"一边喝王老吉，一边打酱油"之类的跟帖层出不穷。

## 激浪之石——引发网络营销的"原动力"

想要引发网络整合营销传播千层浪般波澜壮阔的营销效果，投入水中的石块一定要有足够的分量，才能引起阵阵涟漪，并且久久不散。那么，什么样的石块是重量级的呢？重量级石块的最主要特征是什么呢？我认为，这些石块一定要满足三个条件：符合网民心理需求，符合网络传播特性，极富创意！

### 1. 符合网民心理需求

互联网客户和线下客户的最大区别在于其自主性的提高，有研究者提出了"使用—满足"理论来诠释互联网用户的自主性。该理论认为，受众有特定的需求和动机，会通过接触媒体来寻求满足。因此，分析受众的心理需求和动机尤为重要。这个理论，曾经在大众传播效果研究史上产生过重大影响。也就是说，此前的研究效果主要是从传播者或传媒的角度出发，考察传媒是否达到了预期目的或者对受众产生了什么影响，而"适用与满足"研究则是从受众角度出发，通过分析受众的媒介接触动机以及这些接触满足了他们的什么需求，来考察大众传播给人们带来的心理和行为上的效用。

CNNIC调查发现，2011年用户上网时使用的主要应用如表4-1所示：

表4-1　2011年用户上网时的主要应用

| 应用 | 2011.6 | | 2010.12 | | 半年增长率/% |
|---|---|---|---|---|---|
| | 用户规模/万 | 使用率/% | 用户规模/万 | 使用率/% | |
| 搜索引擎 | 38606 | 79.6 | 37453 | 87.9 | 3.1 |
| 即时通信 | 38509 | 79.4 | 35258 | 77.7 | 9.2 |
| 网络音乐 | 38170 | 78.7 | 36218 | 79.2 | 5.4 |
| 网络新闻 | 36230 | 74.7 | 35304 | 77.2 | 2.6 |
| 博客/个人空间 | 31768 | 65.5 | 29450 | 64.4 | 7.9 |
| 网络游戏 | 31137 | 64.2 | 30410 | 66.5 | 2.4 |
| 网络视频 | 30119 | 62.1 | 28398 | 62.1 | 6.1 |
| 电子邮件 | 25172 | 51.9 | 24969 | 54.6 | 0.8 |
| 社交网络 | 22989 | 47.4 | 23505 | 51.4 | −2.2 |
| 网络文学 | 19497 | 40.2 | 19481 | 42.6 | 0.1 |
| 微博 | 19497 | 40.2 | 6311 | 13.8 | 208.9 |
| 网络购物 | 17266 | 35.6 | 16051 | 35.1 | 7.6 |
| 网上支付 | 15326 | 31.6 | 13719 | 30.0 | 11.7 |
| 网上银行 | 15035 | 31.0 | 13948 | 30.5 | 7.8 |
| 论坛/BBS | 14405 | 29.7 | 14817 | 32.4 | −2.8 |
| 网络炒股 | 5626 | 11.6 | 7088 | 15.5 | −20.6 |
| 团购 | 4220 | 8.7 | 1875 | 4.1 | 125.0 |
| 旅行预订 | 3686 | 7.6% | 3613 | 7.9% | 2.0% |

可以看到，这些应用可以分为以下几大类：

**信息获得类**。网民使用这类应用的主要目的是为了一定的信息，通过媒介，可以获取与自己的生活直接或间接相关的各种信息，及时把握环境的变化。这类方式包括搜索引擎、微博、网络新闻、论坛/BBS。

**社交类**。网民使用这类应用的主要目的是满足社交上的需求，比如认识新朋友、和老朋友联系等，这里的人际关系包括两种：一种是拟态人际关系，即受众对节目出场人物、主持人等产生的一种熟人或朋友的感觉；另一种是现实人际关系，即通过谈论节目内容，可以融洽家庭关系，建立社交圈子等。值得一提的是，拟态人际关系可以在某种程度上满足人们对社会互动的心理需求。这类方式包括即时通讯、博客/个人空间、社交网站、微博、论坛/BBS。

**娱乐类**。网民使用这类应用的主要目的是得到某些娱乐，如逃避日常生活的种种制约，摆脱烦恼、消除疲劳、释放情绪、松弛神经等。能够满足这类需求的包括网络音乐、网络游戏、网络视频、网络音乐、网络文学等。

**实用类**。网民使用这类应用的主要目的是解决生活中的一些问题，得到一些相应的服务，这类方式包括电子邮件、网络购物、网上支付、网上银行、网络炒股、团购、旅行预订。

## 符合网络传播特性

**首先，在网络营销中传播的信息要符合"整合三角"的要求。**

所谓整合三角，是指在整合营销中，只有当品牌做到言行一致，而且得到他人证实此品牌确实履行承诺时，整合才算成功，在这个过程中企业的"言"、"行"和消费者的"确认"构成了整合三角。整合三角中的"言"是指经过设计的信息，包括企业或品牌的广告、公关、促销等经过策划、有目的的各种信息；"行"是指产品讯息、服务讯息等与"言"相配合、相印证的行动和实际表现；"确认"是指能提供给利益相关者对"言"、"行"是否一致作出判断的未经设计的信息，包括有关品牌或公司的新闻报道、员工之间的闲言碎语、特殊利益团体的行动、贸易评论、竞争者的言论、政府或研究机构的发现以及人们彼此之间的交谈。这三者之间若出现裂缝或断层，就会产生不一致的现象，对品牌形象造成威胁。

**其次，要理解网络营销中信息传播的难点。**

在网络营销中，信息渠道呈现复杂性的特征。复杂性是指一个组织内的信息不仅会通过一些受控制的途径和正规的途径传递给受众，也会通过非正规的传播途径传递给受众。复杂的信息传输渠道，构成了网络信息传播的无数节点，而众多网民接触网络信息的路径各有不同，使得网络传播的管理显得较为烦琐，监测、引导和控制的难度大增。比如，2008年，百度屏蔽三鹿、蒙牛和伊利等问题奶粉的负面报道，最终还是被网民揭发了出来。同年9月12日，一则《三鹿集团公关解决方案建议》的电子扫描版出现在天涯社区，百度陷入空前被动。不但以寻求屏蔽为"危机公关"的奶粉生产商难逃曝光的命运，连百度公司也一并受到舆论谴责。网络的多孔性说明，在网络时代，企业对信息的传播控制是非常难的，传统的对负面信息的屏蔽、截流往往难以奏效。

## 极富创意

可以说，在网络整合营销中，创意是必不可少的利器。在这个网络信息泛滥的年代，创意具有非常重要的地位，怎么强调都不为过。

创意是网络营销中非常重要的因素，无论是网络营销还是线下营销，都是如此。只有好的创意才能够吸引用户的注意力，否则就算产品再好，文章写得再好，产品价格再低，售后服务再周到，用户一样看不到，那对营销没有产生任何作用。所以，做好网络营销最重要的还是要引起注意，吸引用户的目光和注意力。创意就是找出特定问题，然后以意想不到的方式解决用户的目光与注意力的问题。在网络营销中，如果只是照搬别人的方法和套路，效果必定差强人意。要把别人有用的方法和套路化为自己的思路，开辟出新的创意和点子来，才能取得显著的效果。

但是，创意有没有一个特定的训练方法呢？我认为没有。创意这个东西，需要平时的积累以及灵感。而灵感这个东西，其实，说起来比较玄乎，没有办法像公式推导一样，认为什么样的训练，就一定会产生什么样富有创意的头脑。所以，创意需要一个平时的积累和产生的契机，才能够顺理成章，厚积薄发。

**案例分析：**

可以看到，"买光王老吉"案例，很好地契合了网民的心理。当时正值危急时刻，雪中送炭可以快速帮助一个企业快速树立良好的口碑，在大灾难面前迅速地伸出援手，是一个企业社会责任感的体现。王老吉正是利用这一点打了一场漂亮的情感战，引发了一场全国全民爱国高潮。

王老吉捐款一个亿的"壮举"在接下来的几天里迅速成为各个论坛、博客讨论的焦点话题，而后借助网络平台以逆向思维"正话反说"的方式消除了网民的戒心，淡化了这篇精悍网络论坛"软文"的商业目的，是非常具有创意的举动。

从中可以看到策划者对创意规律的探索：因为之前一直比较关注粉丝行为，所以在地震发生前，没有人会思考这件事与我们有什么相关，而地震发生时，所有人都感受到了来自周围的变化，开始自觉关注事件，这时候大家就成了震区灾民的粉丝，在这个节点上，任何一个很小的事件都会被无限放大，比如王石，比如王老吉。我们意识到了这点，所以在后来的BBS传播环节，只要涉及王石的帖子，就会有王老吉的身影，事实证明这样的捆绑策略是成功的，网民也自发创作了一些朗朗上口的段子，为王老吉打了一场漂亮的情感营销战。

# 第一层浪——营销方式的排列组合

这层浪的主要作用是将信息传播给目标消费者，使消费者注意到产品信息，并对其产生兴趣。要让这层浪起到非常好的作用，必须使用合适的营销方式将信息有效传达到消费者。我们列出了几个选择营销方式的标准：

①把握各种营销方式最主要的特征。每一种营销方式的优点、缺点、发展现状，我们都已经在第三章进行了详尽的介绍，将这些营销方法合起来比较，我们可以发现，每一种方法，有属于自己最独特的地方，在考虑使用某种营销方式时，一定要注意发挥其最大的优势！具体参见第69页图2-8。

②要根据各种营销方式的流行程度，即使用用户的多少来选择营销方式。

③要根据目标消费者的营销方式接触习惯来选择营销方式，即选择目标消费者最容易接触到的方式。

④根据企业的类型和企业的预算水平来选择不同的营销方式，比如企业的营销预算不高时，应该采用软文营销、邮件营销、论坛营销等相对低廉的方式；当企业拥有较多的营销预算时，可以选择花费较多的营销方式，比如网络广告、网络新闻、网络游戏、SNS营销等方式。

总之，在这一层，选择的营销方式应该是对企业的产品、企业的资源状况、目标客户群的网络使用习惯及网络营销方式发展现状进行综合考量后，做出的最佳选择。

**案例分析：**

在事件的传播途径上，王老吉选择了平民化的网络进行传播，从点击率最高的天涯社区开始，以普通网民的身份发帖，再以转帖的方式流向各大网站，直至各大QQ群。整个过程看不到企业参与的痕迹，怎么看都是热情网友自动自发的行为。

从发帖的内容上看，则是典型的"标题党"，但正是这种"正话反说"的方式消除了网民的戒心，淡化了这篇精悍网络论坛"软文"的商业目的，并且激发了网民"一抒己见"的兴趣。同时，在"国际铁公鸡排行榜"的对比下，作为民族品牌的王老吉更显得难能可贵，广大网民怀着极大的爱国热忱将这篇"软文"四处转载，最终将王老吉的美誉度推到了顶峰。

（一）传统新闻媒体报道

王老吉捐款之后即刻利用新闻媒体的报道，在第一时机把捐款一亿的消息传播出去。在网络媒体中进行报道，传播得更快更广泛。因此在短短时间内，大家都知道了王老吉在此次地震中捐款位居首位，迅速提升了产品的知名度和美誉度，塑造了品牌在大众心目中的良好形象。

（二）百度贴吧宣传

新闻媒体报道之后，王老吉在贴吧继续进行推广。很快，在百度贴吧里搜索"王老吉"三个字，相关的帖子数共有十多万篇。贴吧作为一种和论坛相类似的网络交流载体，人气急剧上升。贴吧可以匿名发表、回复，使得网友之间可以更加简单迅速地进行沟通。因此，贴吧宣传也成了企业网络宣传一个很好的撒手锏。

（三）QQ群推广

QQ群的使用人数越来越多，一个普通的QQ群大约有100个成员，一般的人大致会拥有3~5个QQ群。由此可推算，QQ群的传播效应将是相当大的。QQ群大多在相互传递着地震的消息，所以对于王老吉也是一个良好的传播机会。这些信息符合大众对于地震的关注。因此在QQ群中，王老吉品牌得到了很好的传播。

（四）论坛

论坛往往聚集了超高的人气，是企业进行口碑营销的重要平台。一篇帖子引起各大知名网站转载，已经是司空见惯的事情，因此，论坛的力量是最不容小视的。

# 第二层浪——消费者的自发传播

这一层是指消费者通过第一层中企业对产品或服务信息的宣传，他们接触到了相关信息，并对这些信息产生兴趣后，会主动搜索和其相关的更多资料，甚至主动和他人分享相关信息，通过不同渠道，自发地将信息传播出去。

那么，什么情况下受众才会注意到企业的产品或服务信息，然后帮企业去传播这些信息呢？我们可以用施拉姆公式来理解受众信息选择的规律。

施拉姆公式，是施拉姆以经济学"最省力原理"为基础提出的计算受众选择传播媒介的概率公式，用于表示某种媒介被受众选择的可能性的大小：受众对某一媒介的选择概率，与受众可能获得的收益与报偿成正比，与受众获得媒介服务的成本或者费力的程度成反比，即，

媒体选择概率（P）=媒体产生的功效（V）/需付出的代价（C）

同理，我们可以理解什么样的信息受众比较喜欢接触了。一方面，是要信息带给消费者的效用比较大，另一方面，消费者能非常容易地接触到。

什么样的消息带给消费者的效用大呢？当然是能够最大限度地满足消费者需求的信息。要传播出消费者需求的信息，前期做好消费者行为的分析就非常必要，找到消费者的需求点，再给他们传输相关的信息，就能将消费者接触信息的效用最大化。

什么样的信息消费者比较容易接触到呢？当然是出现在消费者经常光临的网站的信息。消费者在日常的网络浏览过程中就可以接触到自己非常想要的信息，能够非常方便地找到这些信息，同时，如果这些信息重点突出，能够使消费者非常容易辨别出其中对自己最有用的信息，从而大大节省消费者寻找信息要付出的代价，那么消费者接触这些信息的概率就会大大增加。

另一方面要注意，在这一层中，消费者的身份已经不仅仅是单纯的信息接收者，还是信息的传播者，甚至是制作者，是企业信息传播非常有利的工具。施拉姆曾对这类信息传播进行了详尽的描述，认为在这类传播中，受众同时担负着信息接收者、意见表达者和信息发布者三种角色，并且能够经常在这三种角色间自由转换，其互动性很高，使得信息传播速度大大加快。

**案例分析：**

在王老吉的案例中，因为帖子的内容受众很容易感兴趣，所以其被点击

的概率很大；同时，只是在各个网站上进行简单的回复，对于受众来说，代价也比较小，而且很好地激发了网民"一抒己见"的兴趣，所以网民会关注帖子的内容，并且自发地进行转发。

## 第三层浪——传统媒体的卷入

在网络上形成一定影响后，吸引传统媒体的介入，对其进行全面报道，从而推动产品的进一步扩散。

要更好地把握这个过程，我们要理解传统媒体和网络媒体的概念与内涵。传统媒体是以传统的大众传播方式即通过某种机械装置定期向社会公众发布信息或提供教育娱乐的交流活动的媒体，包括电视、报刊、广播三种传统媒体，通常我们又把它们称作"平面媒体"。而网络媒体是借助国际互联网这个信息传播平台，以电脑、电视机以及移动电话等为终端，传播以文字、声音、图像等多媒体反映出来的数字化新闻信息的一种传播媒介。相对于报纸、广播、电视三大传统媒体，它常常被人称为"第四媒体"。

为什么传统媒体的介入对于产品或服务信息的传播非常有帮助呢？是因为传统媒体有着网络媒体不可比拟的优势，它们作为具有权威性的媒体核心力量，在信息的发布与传播中依然担当着重要的角色。传统媒体最重要的优势，在于它们的品牌性，无论报纸还是电视，传统媒体经过多年的经营，在人们生活中早已具有举足轻重的影响力。网络媒体作为新兴媒体，与传统媒体相比，它的品牌性就显得差一些。现在我们处于网络建设的初级阶段，传统媒体依然是信息传播的主力军，它的公信力是难以挑战的。与那些在网络上刚刚起步的新闻网站相比，传统媒体有一个较高的起点，公众对它的品牌比较容易认同。

传统媒体较网络媒体在内容上真实性更强，从业人员对于新闻的采编很贴近社会，每报道一篇文章都会经过严格的审核才最后发表。网络媒体在采编方面则没有这么严格，给予读者的是更大的自由度。很多的新闻，由于网络的原因，过于讲究时效性，报道就不是那么真实可靠了，另外，很多贴吧、论坛、留言板、聊天室、播客等网络传播媒介十分自由，很多语言的"暴力性"、真实性做得就不是那样好了。

在报道深度方面传统媒体与网络媒体区别很大。传统媒体显然要比网络媒体报道的深度要大很多，传统媒体从业人员的专业知识水平都比网络媒体的水平高。基于网络媒体本身的性质，高速的传播，很大的点击率，所以很多新闻往往只是简单的报道，没有过多的深度考量。

**案例分析：**

有很多传统媒体对封杀王老吉事件进行了报道：

齐鲁晚报在《"封杀王老吉"被传自导自演》指出，王老吉案例的功过和启示也许特别适合一句成语：仁者见仁、智者见智。但读过此文后，相信有些人会觉得，现代人所追逐的貌似热闹的东西其实背后都那么不真实，也许"网络论坛的魅力"会在他们心中大打折扣。而关于隐藏在网络中进行影响民意的公关推广行为，中国网民的承受边界在哪里，还值得继续研究。

天津财经频道对"封杀王老吉"事件进行了解读，认为王老吉在抓住一次性机遇成功后，应该注重品牌形象的营造和长期效应的保持。

人民网2009年12月21日在《网络黑社会面前，民意还有几分真实？》中，将王老吉事件归入网络黑社会的范畴，认为在网上存在一个利用发帖等方式制造网络热点谋利的产业链，从"封杀王老吉"事件，到康师傅"水源门"都有他们的暗中操纵。这些公司，不仅为企业提供品牌炒作等服务，也能按客户指令进行密集发帖，诋毁、诽谤竞争对手，甚至控制舆论，左右法院判决。如果再不进行网络扫黑运动的话，政府和民众将永远看不到事实真相，因为网络黑社会面前的民意已经没有几分真实了。

IT时代周刊在《谁在操纵网络舆论？》一文，从"封杀王老吉"事件操作内幕揭秘的角度进行解析，最后认为"封杀王老吉"被公认为网络营销最成功案例，尔玛团队也因此获得了王老吉追加的上百万元投入。

可见，传统媒体的报道褒贬不一，但是都起到一个共同的作用，就是让王老吉事件持续出现在公众眼中，引起公众的注意。这些传统媒体给出的深度解读也罢，表扬也罢，批评也罢，都能引起网民们的二次讨论，将王老吉事件推向二次传播！

# 网络红人营销

网络红人就是从网络里走出来的红人！

网络红人的性质与现实中的名人差不多，只不过网络走红的人更多出身于草根阶级，多借独特的言行或事件引起大众的关注。网络红人也是网络名人，在网络盛行的时代，网络红人给网民带来了很多意想不到的惊喜。网络红人产生的原因并不复杂，由于互联网的产生及其不断壮大，在网络这个平台上，他们可以极尽创意之能事，肆无忌惮地表现自己，而不需要担心其照片、视频等作品是否具有足够的艺术性，只要足够抢眼，与众不同，就容易引发大规模的关注。像最早因文笔而走红的痞子蔡和宁财神，后来因个人特质走红的天仙妹妹、芙蓉姐姐等，其实都算网络红人，只是大家走红的原因不同、方式方法不同而已。

## 网络红人和营销有什么关系？

实际上，企业可以借助一波又一波的网络红人营销来提升企业的知名度。但凡能配得上网络红人这个头衔的人，势必都能与成百上千万的点击量、评论量联系起来。企业可以通过与网络红人建立某种联系，借助网络红人的名人效应实现企业和产品的推广与营销，最直接和普遍的做法就是请网络红人做品牌代言。所以在实际操作中，大多数网络红人营销都是网络红人先红起来，再营销企业产品和服务。

利用网络红人进行营销之所以会有如此之大的成效，与网络媒体独特的传播方式是密不可分的。在网络传播中，所有最优秀的网络内容都有一个共同特点，那就是被复制和粘贴得最多。网络传播的最大魅力就是品牌、网民、网站无限重复式的传播模式。

企业产品利用网络红人在网络中的高点击量、高注意力以及网络红人与网民的强关系，在网民中推广产品，可以引发网民对企业和产品的二次传播，即来自网民的口碑营销和病毒营销。

在网站方面，产品经由一个或者少数网站传播后，起初可能是一对一的传播，即一个网站对本网站的网民进行传播，接下来就会有一些网民将该信息转载至其他网站……以此类推，参与其中的网民就会越来越多，所要推广的产品便会越来越具有知名度。

## 网络红人营销有技巧

网络红人营销在很大程度上依靠网民形成大规模喜好和传播得以实现。但是，如何让网民喜欢这些待推的红人，如何让红人的信息不胫而走，如何让更多的网民加入进来……这些都是在网络红人营销策划中要仔细思考的问题。

**创意最重要**。所谓创意，就是做别人没做过，做别人不敢做的事。只有当网络红人有了内容，有了新意，有了别人没有的东西，红人才可能真的红起来。没有人会愿意为一个随处可见，一捡一大把的最普通的路人浪费自己的注意力和精力。那么，创意又从哪来呢？我认为，要善于分析当前网民的心态，同时要懂得去积极迎合网民的趣味。不论什么形式的营销，其实都需要解读消费者的心理，投其所好，关注他们所关注的，想他们所想的，站在他们的角度看待问题，这样才能找到与消费者的契合点。如今，人们更关注的社会热点问题，与每个人息息相关的吃喝玩乐的问题，让人眼前一亮的视频短片等，这些都是创意的来源。

**红人本身要有特点**。综观别针换别墅、虐猫女、最美清洁工等都是通过一两个词语，一两个美女的方式，让网络转载、网民传播变得异常容易。这就说明，并非每个人都能成为网络红人，其必须具备一定的特点和鲜明的个性。那么至今为止红透半边天的网络红人都有什么特质呢？痞子蔡一类的网络作家有幽默风趣的文笔。许嵩一类的网络歌手不仅有常人不能及的唱功，还有极强的音乐天赋，在作曲填词上占有绝对优势。而天仙妹妹和最美清洁工这一类网络红人，则是靠着美丽的外表和优秀的个人品质走红。当然，芙蓉姐姐和凤姐也算是网络红人，她们走红则是因为恶俗以及不在乎他人眼光的个人特质。所以说，不管是什么类型的网络红人，不管他们是靠哪一种网络传播方式走红的，他们都必须有与别人不同的地方。才能也好，相貌也好，性格也好，他们必须有明显不同于大众的特点。

**强大的展示平台和终端**。不论是在营销领域还是在互联网中，只靠实力不靠营销的产品总难得到不错的市场反响。所以，网络红人除了要有"料"，还得走出去，有走向大众的路。有一个平台，不仅可以给网络红人提供自由的发展空间，而且可以像一只强有力的手把真正值得红的人推进大众的视野。这个平台，这只手就是网络发展平台。对网络红人来说，大网站的博客、论坛、微博、SNS和IM通讯等，都在充当这样一个角色。但是，不同的论坛、博客、SNS在网民中的定位也有所不同。所以，网络红人营销在实施中，要辨别这些不同，利用这些不同，迅速找到目标人群，快速扩张，俘获网民的眼球和注意力。

## 看天仙妹妹出名，学做网络红人营销

天仙妹妹这个名字想必大家都不陌生，即使没有看过天仙妹妹清纯可人的照片，应该也听说过她的名字。这位可爱天真的羌族少女不仅通过网络一夜间走红各大网站论坛，也让网民们恍然大悟："原来网络上也可以走红草根阶层！"从天仙妹妹走红直到她后来进入演艺圈，一直吸引着大批网民的眼球。

天仙妹妹原本是一名默默无闻的普通羌族少女，被发现于2005年的8月份。2005年8月6日下午，一位名叫"浪兄"的自驾车游客独自驱车在阿坝州旅游，行至理县，水箱快开锅了，便想到寨子里去向老乡讨点水来。突然，一道意想不到的"风景"出现了——他看到了一位豆蔻年华的少女坐在公路旁。当时他即发出了"苍天啊，她是传说中的仙女吗？一个小小的羌寨竟有如此天然美丽的女子"的惊叹，随即请求为其拍照。在征得同意拍了一组照片后，他回成都即用"浪迹天涯何处家？"（后简称浪兄）的网名，在8月7日TOM网站的汽车版块中，发表了题为《[浪迹羌寨]单车川藏自驾游之：惊见天仙妹妹？！》的帖子。不想，一夜之间，该贴就被网友们极力推荐和到处传播。

　　将旅游见闻拍成照片传到网上并配以心情文字，已是我养成了多年的习惯。出乎我意料的是，这个帖子受到的关注远远超过我以前的帖子。随后，我又几进羌寨，跟踪拍摄羌妹生活的方方面面和羌族风情，并把照片配上文字，以连续图集的形式分4集8个情节发表。这些帖子被争相转载：新浪、搜狐、天涯、TOM、网易等在主页显著位置隆重推出"天仙妹妹"的专题，很多网民被天仙妹妹的纯洁可爱打动，并引发了网民之间关于天仙妹妹的讨论。在这期间，我多次发布关于天仙妹妹的信息和照片，使讨论不断升温，影响范围不断扩大。有粉丝将天仙妹妹的照片和消息发布在其他网络平台上，引发了天仙妹妹在网民中的多次传播。

　　后来几乎所有网站都不甘落后，将此前有关"天仙妹妹"的图片在首页开辟专栏推出；一些网站在没有加精、置顶的情况下，帖子点击数在一天内竟超过了10万次；在最初贴出"天仙妹妹"的网站，此帖自发表的一个月来高居论坛人气排行榜榜首。网易、新浪、搜狐等门户网站均开辟天仙妹妹专题。根据相关搜索发现，在一些完全不相关的专业网站、财经网站甚至公司内网上，天仙妹妹都被炒得沸沸扬扬。网媒的强烈反响引起了传统媒体的关注。当网民中关于天仙妹妹的讨论达到白热化的境地时，网络媒体和传统媒体出于敏锐的新闻感知力，大批跟风报道天仙妹妹以及她走红的事件。9月18日，《华西都市报》率先以《"天仙妹妹"一夜走红网络》为题，揭开了"天仙妹妹"走入更广阔天地的序幕。随后，《E时代周刊》、《解放日报》、《中国青年报》以及多家海内外重量级电视台也纷纷跟进，"天仙妹妹"在短暂的时间内迅速"走红"，成为新一代网络偶像。后来几乎所有传统媒体也展开跟进报道，央视的《社会记录》、《新闻会客厅》、《关注三农》、《记录》、《财富故事汇》等，都对天仙妹妹事件做了专题报道，甚至CCTV英文节目也有专题片。当然海外媒体也不甘寂寞，日本NHK的专题片竟长达45分钟。媒体的全方位跟进，进一步加强了大众对天仙妹妹的认同和喜爱。至此，天仙妹妹已经完全可以算得上是从网络里走出来的名人了。至此，我想借天仙妹妹拉动四川阿坝州旅游事业的初衷实现了！

事件从2005年8月持续至今，网络搜索量超过千万，成为迄今为止最为成功的网络造星案例。四川理县人民政府在"天仙妹妹"走红后，即聘请尔玛依娜为当地的旅游形象大使。她散发的纯朴气质和独特魅力成为当地旅游业的形象代言。在2005年9月底由尔玛依娜担当代言人后的"十一"黄金周，理县旅游共接待中外游客48720人次，实现旅游总收入1948.8万元，创黄金周历史最高纪录，直接给阿坝州的旅游经济带来30%的增长。天仙妹妹还为索爱手机、大型网络游戏、服装、网站、竹地板等代言，创造了可观的商业价值。在搜狐主办的"2006搜狐时尚新生代网络评选"中，"天仙妹妹"更是备受追捧。截至2005年12月1日下午6时，"天仙妹妹"以高达45％的投票率暂列榜首，而此前呼声最高的超女冠军李宇春则以23％的投票率屈居次席。

从天仙妹妹走红的案例中，我们可以大概总结出网络红人走红的一般模式。第一步，网上发帖，引发热议。第二步，媒体跟进，跟风报道。第三步，发现价值，投放广告。在第一步到第二步的转变中，网络红人的兴起一般都是先从网络上人气较高、网民浏览量较高的论坛开始，而后各大博客对此事进行分析，实现第二次传播。随后是SNS、IM通讯工具中，网民之间一对一的关于网络红人的交流。当然在这个过程中，当红人的影响力达到较高水平时，网络新闻媒体和传统新闻媒体也会介入进行报道，这使得网络红人不仅仅只在网络里红透半边天，也在现实生活中的传统媒体中得到足够的关注。在红人影响力不断加深的过程中，各网络传媒中介和传统媒体的作用是互相作用、互相缠绕、共同上升的。这样一个自发的、不断缠绕上升的宣传推广机制对于网络红人的走红起着极其重要的推动作用。

在网络红人真正走红以后，企业可以与红人取得联系，以形象代言、广告出演等形式，借助网络红人的高话题性来实现企业产品的推广和营销。

# 网络事件营销

## 什么是网络事件营销

　　网络事件营销是企业、组织以网络为传播平台，通过精心策划、实施，让公众直接参与并享受乐趣的事件，以达到吸引或转移公众注意力，改善、增进与公众的关系，塑造企业、组织良好的形象，以谋求宣传更好效果的营销传播活动。它可以快速提升企业品牌知名度和美誉度，促进销售。网络事件在引起社会广泛关注的同时，将企业或产品的信息传递给目标受众。在互联网时代，不管企业是有意还是无意，任何一起营销事件都会在网络媒体上得到再次传播。

　　近年来，网络事件营销越来越成为国内外十分流行的公关传播与市场推广手段，集新闻效应、广告效应、公共关系、形象传播、客户关系于一体，并为新产品推介、品牌展示创造机会，建立品牌识别和品牌定位，是一种快速提升品牌知名度与美誉度的营销手段。

　　网络事件营销根据事件来源，可以分为两类：借势营销和造势营销。

　　借势营销是捕捉社会热点事件，并将之与企业自身产品做以联系，在事件宣传中，强调产品与事件的关系，从而达到营销的目的。具体表现为通过媒体争夺消费者眼球、借助消费者自身的传播力、依靠轻松娱乐的方式等潜移默化地引导市场消费。企业在借助重大事件或社会热点进行营销时，要把握三点：反应迅速，第一时间介入；找准关键点，巧妙切入；与品牌联结，引发公众联想。

　　造势营销是企业自己制造热点事件并将产品与之相联系进行捆绑宣传。企业制造热点事件来进行营销要把握两点：其一，合理定位，例如事件定位、卖点定位、消费者定位、推广定位等。其二，巧妙制造新闻事件，如媒体做典型报道，宣传企业的成功经验；领导同志到企业视察或调研，替企业说话，为企业扬名；策划社会公益活动，双向互动，博得公众好感；策划奇特的、反常的行为，引起轰动效应；抓住一些非常规事件或突发事件，借势造势；抓住新问题、新话题，特别是抓住一些动态的事件，策划一些动感很强，让媒体和社会感到很有新意的新闻等。

　　下面，我们来具体说一说网络事件营销都有哪些特点。

　　**传播速度快，范围广。**由于策划的事件有很强的话题性和消费者的参与性，势必引起新闻媒体的自发报道。而互联网传播比传统媒体的新闻发布省去很多新闻评审环节，提高了时效性，事件营销能及时地、迅速地、不受空间限制地传播出去。同时，新闻媒体（尤其是大众新闻媒体）面向的是整个社会群体，受众面广，只要事件有话题性，就可以引来全社会的关注。此外由于新闻媒体在群众心目中具有权威性，也给消费者非常高的可信度。

　　**传播渠道广。**互联网能让事件营销传播得更容易，更易被转载，只要该事件营销的新闻价值足够大，就能吸引很多人的关注。如果能够吸引更多的网站编辑来转发，那么新闻就会传遍整个世界。

　　**互动性强。**在网络中传播的网络事件往往与民众有很强的互动性，网络传播条件下的信息往往是共享、流动、自由的。在某种意义上来讲，网络背景下的网络事件营销重新定义了话语权的归属。从传播学角度来说，"传者"和"受者"之间的界限被淡化了，每个个体都有话语权，这就意味着他们承担着双重身份，信息传播在所谓"传者"与"受者"之间交替互动。

　　**节约宣传成本。**网络事件营销策划和广告策划的目的都是扩大事件的影响力，相比之下网络事件营销的投入非常小，成本非常低。

　　**易发但不易控制。**网络事件营销虽然是人为制造的，但是其态势的发展是完全不可控制以及预期的。因为网络交互性的提升，增加了群众的话语权，让更多的人参与到事件的讨论中，在使事件评论的深度和广度增加的时，也增加了事件的不可控性。

**突发性强**。由于网络事件营销是基于社会、经济、政治等领域里的突发事件引发的营销行为，其必定依附于事件本身。所以，事件本体的突发性决定了网络事件营销的突发性。这就要求企业对外部环境的变化时刻保持警觉，以利用公共事件实现企业自身的营销。当然，如果事件是由企业制造的，则事件对于企业来说并不是突发的，但对于外界来说，依然具有很强的突发性。

**时效性强**。这一点是由网络引申来的，网络媒体的传播速度快，信息来源广泛，制作发布信息也更加简便。因此，网络媒体几乎可以随时随地发布新闻，群众也可以在第一时间把握网络事件的发展，知晓其来龙去脉。

## 网络事件营销，那些你不能忽略的问题

**事件本身要有卖点**。网络事件营销要想获得成功，必须有出彩的地方。社会关注的热点或重点，或者新奇有趣的事情，或者前所未有的事情，都可以成为事件营销的卖点。只有这样才能抓住媒体的眼球，抓住网民的眼球，才能进一步吸引到企业的潜在消费者。网络事件必须符合社会当前的热点或者网民的兴趣和爱好，而大多数受众对新奇、反常、有人情味的东西比较感兴趣。

**事件与产品有关联**。网络事件营销不能脱离品牌的核心理念，必须和企业品牌联系起来。也就是说，企业所利用的网络事件必须与事件营销的主题具有高度的关联性。否则，事件营销过后，事件火了，产品却依然无人问津。

**事件要引发互动**。事件最好可以引发网民的互动和热议，让网民参与进来。只有这样，才会不断吸引网民的注意力，保持长期的关注度。企业在这个过程中可以不断深化产品对网民的影响，从而达到营销的目的。

**事件要与其他营销手段进行整合**。事件营销是为了提升品牌，因此企业在宣传事件时，要整合各种宣传手段，放大事件的传播效应，将信息准确、完整、迅速地传递给目标人群。营销手段的正确、合理整合可以达到"1+1"

远大于"2"的效果。

**要把握好分寸**。传统的网路营销手段的失败在于肆无忌惮，没有分寸，最终引起了人们的反感而惨遭封杀。所以在网络事件营销的过程中，要注意不能触犯网民的底线。任何事件炒作过头，一旦网民得知了事情的真相，就极有可能产生负面影响，甚至影响到企业和产品今后的营销活动。

## 网络事件营销，操作起来不容易——以王老吉事件为例

"5·12"汶川大地震后，王老吉以其1亿元人民币的捐款引发了全国上下的称赞与"封杀"，不论是在论坛还是博客，或者是新闻中，都充斥着"封杀王老吉"的字样。至今还有一部分人以为这只是一次简单的网民集中活动，但是也有很多人早就知道这是王老吉运作的一次网络事件营销。王老吉红罐生产商加多宝公司的这次事件营销可以说非常成功，不仅给企业塑造了有社会责任感的形象，也为王老吉的市场开拓和市场认可奠定了坚实的基础。那么，下面我们就以王老吉这次被称为"我国史上最成功的网络事件营销"为例，深度挖掘网络事件营销到底应该怎样操作。

"5·12"汶川地震发生后，房地产大亨万科王石由于只捐了220万元，引发了网友对于捐款数额过低的质疑，加之王石随后在博客中说"捐款不要超过十块钱，十块钱就够了"，给他本人和万科带来了近年来最大的一次公共信任危机，一时间王石成了网上负面舆论声讨的红人。和王石捐款事件完全相反，王老吉利用捐款事件，成功地进行了一次整合营销。

**第一阶段：新闻营销**

5月18日晚，在CCTV2捐款晚会，生产罐装王老吉的加多宝公司向地震灾区捐款1亿元，立刻成为捐款最多的企业，一鸣惊人，妇孺皆知。这件事被各大媒体理所应当地收入到新闻报道中去，但是加多宝的营销才刚刚开始。

**第二阶段：论坛营销**

在宣布捐款1亿元十几分钟后，标题为《让王老吉从中国的货架上消失！封杀它》的帖子几乎充斥各大网站和论坛，这个引人注目且不合时宜的标题

吸引了足够多的眼球,并激起了被加多宝义举所感动的公众的愤怒。在国难当头之下,封杀一个捐献了亿元巨款的企业,难道不是冒天下之大不韪吗?这篇帖子在短短数小时内点击量飙升到数百万。但打开帖子看,发帖者是故意耸人听闻,所指的"封杀"其实是要表达"买光超市的王老吉,上一罐买一罐"意思。很多人看到标题本想去驳斥,看到内容后却会心一笑,被煽动起的当时情境下特有的激情,正话反说产生的强烈反差使得无数公众跟帖留言。进而发展到回帖以十万计,转帖无数,遍及互联网各个角落,影响空前。"今年夏天不喝水,要喝就喝王老吉"、"加多宝捐了1亿,要买光它产品,让它赚10亿"类似这样的跟帖出现在众多网站的论坛上更直接激起了网民对于王老吉的购买热情,许多网民自发组织购买,网上甚至出现了王老吉在一些地方卖断货的传言。

### 第三阶段:博客营销

"封杀王老吉"帖子及其产生的巨大影响,许多人相信这只不过是一名受加多宝捐款所感染的网友无心插柳的举动。自然灾难时期的人们盼望着"英雄"诞生,而加多宝在赈灾中的表现,自然为它赢得了广泛的社会尊敬,使这一事件引起众多传统媒体的关注和跟进报道。网络上数量惊人的讨论、转载和点击量,使得王老吉的1亿元营销事件,很快成为各个博客分析、对比(和万科)的材料,而且频频曝光、频频讨论。

### 第四阶段:IM营销

王老吉的网络营销并不限于论坛,很多人在MSN的签名档上开始号召喝罐装王老吉,同时有很多文章通过QQ、QQ群、邮件进行传播。通过这些IM传播途径,传播利于王老吉的顺口溜。这些顺口溜中多在赞扬王老吉,但更多是在批评万科,向这只铁公鸡表达心中的不满和愤慨。顺口溜在批评王石的同时,总会顺带着提到王老吉,于是大家在知道了万科王石的同时,也了解到真正的捐款大王王老吉。在此之前,从来没有那么多人大规模地通过QQ、MSN自发地进行传播,也没有哪件事催生这么多口号和顺口溜。事实上,地震期间很多关于王老吉的顺口溜,都是王老吉营销策划人员编写的。

### 第五阶段：网络营销

其实王老吉很早就开始注意网络营销，在2008年年初，他们就在天涯上开辟"天下第一罐"专栏，发帖的图标就是王老吉的红色易拉罐。

**事件总结：**

"封杀王老吉"的帖子借时势用反话成功诱导了网民的心理，是一个成功的标题党、一次完美的策划。我们可以从中看到，虽然"灾难营销"是国内诸多企业为之不齿的行为，但网络营销却可以通过巧妙的角度主动出击，直接点燃受众的激情，并引发大规模的自发传播与购买行动，其影响力比传统广告何止强出百倍，其成本比传统公关何止节约千倍！

王老吉营销的主要特点是充分利用网民，在网上大量发布各种口号式的帖子，制造了无数的经典对话，如当时在网上比较热的帖子有"一套房子100多万，一瓶王老吉三四块钱，但是卖房子的捐10块，卖饮料的捐1个亿"、"做事不能学王石，要捐就捐1个亿"等一系列顺口溜般的口号。这些口号看上去只是网民们的自我发泄，但实际上，它们正是王老吉营销的表现方式，是令其赢得公益形象、获取口碑的主要途径。虽然王老吉有意炒作，虽然王老吉帖子明显为网络推手所为，但王老吉的1亿元营销，不愧为一次经典的营销案例，也体现了加多宝团队的灵活与智慧。如果说网络营销是企业营销最有发展潜力的营销方式，病毒营销则将是营销的终极目标，而论坛营销和博客营销将是口碑营销的传播渠道。而在真正的病毒营销可遇而不可求之际，论坛营销和博客营销将充当助推剂的角色，如何把产品、营销、IM有机地整合在一起，是智慧，也是一种艺术。

有的网友在网络上表达了对王老吉这次事件营销的赞赏。网友认为，这是一次完美运用互联网传达力量的网络营销事件，并认为这次营销事件不仅协助加多宝树立了良好的形象，即企业在自然灾难中通过巨额捐款提升自己的品牌价值，还提升了消费者对王老吉品牌的忠诚度。

# 病毒式营销

## 病毒式营销？是病毒？太可怕了！

病毒式营销并非是传播病毒，而是利用用户之间的口碑宣传方式的主动传播，让信息像病毒那样扩散。病毒式营销是指类似于病毒一样快速蔓延的低成本的、高效率的营销模式，是针对消费者发动的一场像传染病一样的营销策略，使消费者无药可救地迅速、大面积地被感染，从而使得产品大规模、强影响力地流行。病毒式营销是一种常用的网络营销方法。对于企业来说，病毒营销是一种成本最低、效果最好的广告手段，运用得好，往往可以起到事半功倍的效果。所以，在病毒营销面前，消费者是在不知不觉中接受了来自企业的营销信息，很多时候，消费者会将这些信息继续传递出去。这些通过他人介绍的信息，对于消费者来说，比企业的信息更加值得相信。

病毒式营销的经典范例是hotmail.com。现在几乎所有的免费电子邮件、免费空间、免费域名都采用了病毒式营销方式。例如，163和新浪免费电子邮件，每次邮件的末尾都分别会有一段，如"《大话西游外传》贺岁新作，送你5000元压岁钱"、"新浪免费电子邮箱mail.sina.com.cn，新浪推出奥运短信息手机点播服务sms.sins.com.cn"，同时连接到相应网站。邮件的发送人被强制性地发送如上这段话，邮件的接受者则自动地收到同样内容。

# 病毒是怎么传播出去的？

**提供免费午餐**。此类病毒营销大多以服务为基础，如免费邮箱、免费空间、免费域名、免费软件等。在免费邮箱做得最成功的病毒营销先驱是Hotmail。一开始他们很少做促销活动，但他们发出的每封邮件底端都用一个收尾线，包括了一个短小的玩笑连同公司的网址，之后公司的知名度得以迅速传播。如果企业拥有一个以服务为基础的网站，就可以考虑用病毒营销来推广这个网站。免费资源无论何时都会引起大家的关注和自发的传播，免费用的产品在病毒营销中最主要的作用在于吸引眼球，引起参与。免费电子书是时下非常普遍的病毒营销方法，很多商家将商业信息内置于电子书页页眉中。电子书易于长久保留，而且方便再次传播。

**一边娱乐一边营销**。将商业信息融于娱乐中，或者设计娱乐化的传播场景是病毒营销设计的重要一环。病毒营销可以与视频、游戏、音乐等娱乐性较高的形式相结合。网民每当收到有趣的图片或者很好玩的Flash游戏附件时，通常把它转发给朋友，而他们也顺便把该附件转发给自己的朋友。这种"滚雪球效应"能够轻松创建一个分销渠道。要实施传递下去的病毒营销，必须创建一些人们想和其他人分享的东西，比如用Powerpoint制作的幻灯片、有趣的图像、好看的Flash或者有用的小软件等。

**提供工具资源服务**。主要是各类便民服务信息，如提供日常生活中常用的网络工具或者查询代码，如公交查询、火车查询、航班查询、电话查询等。在无形中为用户提供便利的同时，产品或服务的传播价值和口碑相应就会随着工具资源信息的传播而呈现出来。

**"邀请你的朋友"**。病毒营销最普遍的方式是"推荐给朋友"，这也是大部分网站使用的方法。对于这种方法，各种网站的使用率不同。对于一些娱乐网张，"告诉一个朋友"的使用率可能会高一些。邀请类病毒营销的最初使用者是Google的Gmail。Google的Gmail在推广初期就利用了饥饿营销与病毒营销，即不接受公开注册，而是需要现有用户的邀请才能注册。稀缺使人们产生好奇，邀请的机制使有共同兴趣爱好的用户聚成一个圈子，在这个圈里用户能互相交流信息，为其他产品或者服务的推广埋下伏笔。但是对于其他大型内容网站，这种方法还不够。

"**祝福你，我的朋友。**"每次节日到来之际，各类祝福类型信息是网民最为关注的内容，期间搜索量最大的内容也是这类。祝福类信息目前最主要的扩散渠道是QQ群、论坛、博客转载。由于祝福类信息包含特殊纪念意义，所以很容易引起网民的共鸣。祝福类信息的病毒营销最关键的是如何巧妙地将商业信息融入祝福活动中。病毒式营销的营销过程见图4-2。

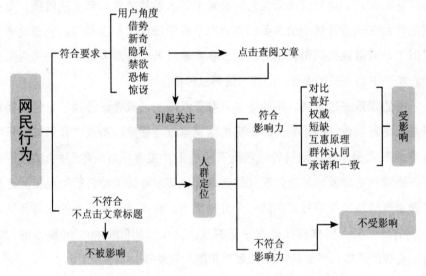

图4-2　病毒式营销的营销过程

## 病毒营销的特点

病毒式网络营销主要通过用户的口碑进行宣传，信息像病毒一样传播和扩散，利用快速复制的方式传向数以千计、数以万计的受众。通过提供有价值的产品或服务，"让大家告诉大家"，通过别人为你宣传，其实就是利用"看热闹的羊群效应"。

**利用人的积极性进行主动传播。**因为看到有趣的视频，发现有实用价值的服务网站，或者是收到温馨的祝福信息，网民会想与朋友分享这些信息，于是转发或者分享，这样就完成了病毒营销的一次传播。在整个过程中，网民是发自内心地欣赏这些带有病毒的信息，也是发自内心地想与朋友分享。所以，病毒营销是在网民积极传播相关信息的过程中，顺带完成了一次传播，而并非像传统营销那样推动营销信息的传播。

**内容幽默，采取有趣的表现方式。**病毒式营销必须是独特的、方便的，而且必须有意思，能让受众自愿接受并且觉得受益匪浅。病毒式营销必须是"允许式"而不是"强迫式"的，要让受众自愿接受资源并传播资源。

**高效率的接收。**大众媒体投放广告有一些难以克服的缺陷，如信息干扰强烈、接受环境复杂、受众戒备抵触心理严重等。而那些有意思的病毒，是网民从熟悉的人那里获得或是主动搜集而来，在接受过程中自然会有积极心态。另外，病毒的接受渠道也比较私人化，如手机短信、电子邮件、封闭论坛等，使病毒式营销尽可能地克服信息传播中的噪声影响，增强了传播的效果。

**营销成本低廉。**病毒营销利用了目标消费群体的参与热情，但渠道使用的推广成本依然存在，只不过目标消费者参与到后续的传播过程中，原本应由商家承担的广告成本转移到了目标消费者身上。

**几何倍数的传播速度。**大众媒体发布广告的营销方式是"一点对多点"的辐射状传播，实际上无法确定广告信息是否真正到达了目标群体。而病毒营销是自发的、扩散的信息推广，它并非均衡地、同时地、无分别地传给社会上的每一个人。由于产品和品牌信息是被消费者传递给了那些与他们有某种联系的个体，这就使得信息的传播是不定向的，并且速度极快。

## 成功的网络病毒营销离不开这些

**病毒必须有吸引力。**不管病毒最终以何种形式出现，必须具备基本的感染基因，也就是商家提供的产品或服务对于用户来说，要有价值或者富有趣味，让用户失去免疫力，这样用户才会有点击的欲望，才会主动传播。对传播者而言，愿意成为传播者的首要原因在于其传播的内容对于传播者的价值。在采用病毒营销之前，企业首先要对产品和服务进行提炼与设计。例如，病毒巧妙结合公益热点话题。最容易激发所有人积极性的莫过于公共性的话题，虽然与个人密切相关的话题或给予奖品等也能引起传播者参与的兴趣，但远不如"热点营销"的关注率高。

**病毒必然要顺应网民民意。**企业在创建病原体时，需要考虑的问题是如何将信息传播与营销目的有效地结合。如果仅仅是为客户提供了娱乐价值或者实用功能、优惠服务，而没有达到营销的目的，那么这样的病毒式营销是失败的。反之，如果广告气息太重，可能会引起用户反感。趣味的内容、以情动人、以利诱人、炒作热点话题、提供有价值的参考资料，这些都是顺应网民民意的。

**找对"攻击对象"。**在病毒创建完后，病毒式营销的关键就是找到对的"攻击对象"，也就是早期的接受者，他们是产品或者服务最有可能的使用者，他们会主动传递信息，影响更多的人群，然后营造出一个目标消费群体。有针对性地选择传播目标人群（意见领袖），使其成为病毒的最初感染者和传播者，即必须找到一部分极易感染的"低免疫力"人群，由他们将病毒散播到各处。在传播过程中，普通网民在这些人的带动下，会逐渐接受某一商品或服务。

**采用合适的传递渠道。**为了防止病毒在流动中陷于自我休眠状态，必须赋予病毒本身自我激活的功能，即要根据产品的特性精心选择网络、手机等先进的传播通路，让产品和服务经由用户之间的互动迅速传染出去。一般来说，病毒式营销的原始信息先在易于传播的小范围内进行发布和推广，再利用公众的积极参与行为，让病毒大规模扩散。可大量传播那些易被传染的病毒营销渠道，大型的网络平台是首选。提供简单的信息传递方式，即举手之劳就可以实现的传播方式，最忌讳的是复杂的操作。比如使用即时通信工具，如MSN、QQ等，或者发短信、发邮件等动一下手就能轻易实现的。否则，目标受众就会丧失主动传播的热情。

**第一阶段的传播很重要。**因为第一阶段的传播结果直接影响到营销后期的整体结果，如果在第一阶段的营销效果就不明显，那么病毒营销就很难展开，达不到预期的效果。在第一阶段的传播中，进行推广的人选很重要。要尽量选择有很强影响力和传播力的人，比如论坛版主、博客站长、新闻资讯的编辑等。第一阶段的传播越快完成，越可以为后来的营销节省时间。所以，企业还要注意第一阶段营销的快速推进。

## 病毒营销，到底要怎样实施？

网络病毒营销作为市场营销的一种手段，在实施前也需要有个较为完善的设计和规划的过程。对目标消费群体的特点进行深入的分析和讨论，将产品与消费者的诉求点做好整合，同时要强调在网络病毒营销中选择合适有效的病毒载体和病毒传播渠道，以及其他病毒营销的核心环节，对于病毒营销的效果也要有相应的监控与管理，这样才能达到预期的病毒营销效果。

**整体规划**。分析想要传播的信息和服务对用户的价值，做好市场营销的总体规划分析，针对营销的外部环境做好调研，最后得到一个较为完整的有指导意义的营销整体规划报告。

**方案设计**。要有独特的创意和精心设计的营销方案，特别需要注意的是，如何将信息传播与营销目的结合起来。

**信息源和信息传播渠道的选择**。虽然说病毒营销信息是用户自行传播的，但是这些信息源和信息传递渠道还需要认真选择。例如，要发布一个节日祝福的Flash，首先要对这个Flash进行精心策划，使其看起来更加吸引人，让人们更愿意自愿传播。除此之外，还需要考虑这种信息的传播渠道，比如是在某个网站下载，还是用户之间直接传递文件，或者是这两种形式相结合。

**原始信息的发布**。原始信息应该发布在用户容易发现、乐于传递这些信息的地方，如某个活跃的网络社区，如果有必要，还可以在较大的范围内主动传播这些信息，等到参与传播的用户数量比较大之后，才让它自然地去传播。

**效果跟踪与管理**。虽然病毒营销的最终效果是无法控制的，但并不是说

不需要进行营销效果的跟踪和管理。实际上，对病毒营销的效果分析非常重要。它不仅可以及时掌握营销信息传播所带来的反应，也可以从中发现这项病毒营销计划存在的问题以及可能的改进思路，为以后的营销提供参考（见图4-3）。

| 面临的问题 | | 解决方案 |
| --- | --- | --- |
| 1. 缺乏用户去说 |  | √ 让用户去影响用户 |
| 2. 缺少忠实用户帮企业说话 | | √ 建立忠实用户聚集平台 |
| 3. 缺少危机公关机制 | | √ 建立危机公关机制 |
| 4. 缺少对产品疑问的引导 | | √ 建立在线客服 |
| 5. 不关注SEO搜索引擎权重 | | √ 优化带关键词的正面信息 |
| 6. 缺乏产品终端在说话 | | √ 植入式影片营销 |

图4-3　病毒式营销面临的问题和解决方案

## 百度的病毒式网络营销案例

2005年年底，百度公司面对强大的竞争对手谷歌的竞争，准备发动广告宣传攻势，尝试超越对方。问题是百度相比谷歌，没有大额的预算支付庞大的推广。在这前提下，加上我的强烈建议，百度奇妙地应用了病毒式营销的策略：拍摄三段幽默视频广告（我的好友、当时的百度高级副总裁梁冬说，三个视频短片的创作是因为没有足够广告预算而临时想出来的，此事的确属实）。该广告不是通过电视台进行投放，而是巧妙地通过百度员工和他们的许多朋友以邮件、QQ、论坛来传播，这三个短片拍摄费用约10万元，却达到了近亿元的传播效果！可以说，这是中国非常成功的互联网病毒营销案例。百度的三个短片仅通过员工给朋友发邮件，以及在一些小视频网站挂出下载链接等方式扩散开来，总计传播超过2 000万人次。梁冬说，这个统计数据是有据可查的。

百度公司根据"中国人搜索行为研究中心"对网民搜索习惯的研究发现，

2005年就是视频娱乐形式爆炸式增长的初期，易感人群所在位置也被确定。

短片之《唐伯虎篇》，将"百度，更懂中文"阐释得淋漓尽致。片子是在周星驰式的风格中展开的，面对一张中文告示，风流才子唐伯虎三度通过"知道"、"不知道"来分词断句，将一个自以为懂中文的洋人身边的女粉丝全部抢夺过来，最后连她亲密的女朋友也被唐伯虎征服，结果该洋人被气得吐血。百度借此短片表明，百度对中文拥有更深的理解力，拥有独到的中文分词技术等。观众能够意会，片中洋人映射的是百度在中国的竞争对手Google。这个片子在百度上市前半个月就已经拍好，传播也非常简单，由百度公司的员工和企博网公司员工进行传播。每个人发给两个以上朋友，就是电子邮件，甚至刚开始没有直接拿到网上去发。两个星期之后，用百度搜索一下，发现传播量已经超过80万。

短片之《孟姜女篇》同样获得热烈传播。该短片走的是古装幽默小品路线，旁白用四川话，主角是一个神叨叨的导演和满脸无辜的孟姜女。在肆无忌惮、滔滔漫天的泪水中，孟姜女用四川话喊出"这个流量硬是大得很啊"，以此来诉求百度的中文流量第一。

《孟姜女篇》和《唐伯虎篇》，再加上《刀客篇》，分别对应"中文流量第一"、"更懂中文"、"快速搜索"三个关键概念，从而将百度是中文第一搜索引擎的概念完整表现出来，并得到广泛传播，为百度的品牌价值建立了卓越功勋。

没有花费一分钱的"潜规则"媒介费，没有发过一篇软文新闻稿，只用了一个月，就在网络上产生至少超过十万个下载或观赏链接点。在网络上传播的最高峰时期，在Google和百度上都能搜索出超过90万个网页，页面上提供了百度这几个视频的下载和播放。尤其值得一提的是，由于当时对视频关注较高的是白领人群，这次活动使大量白领在搜索引擎方面转向拥护百度。

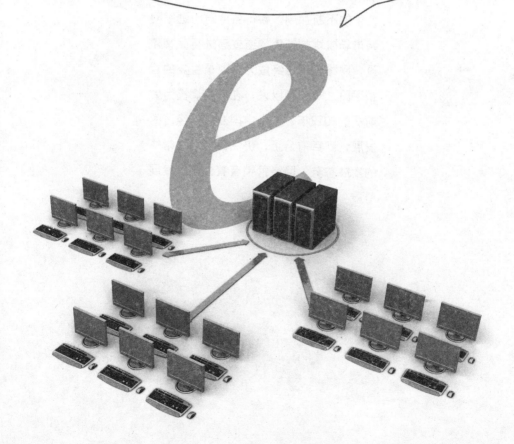

第五章

精察前景——网络营销前景展望

据CNNIC最新调查数据显示，2011年，企业在互联网渠道进行过广告和营销推广投入的比例高达26.7%。随着互联网向生活各层面的纵深渗透以及企业竞争的不断加剧，各行各业纷纷进军网络市场以增加销售渠道或者进行品牌建设，网络营销已经成为企业最主要的营销手段之一。可以说，在宏观调控为大前提的2012年，整个中国互联网经济的发展，到目前为止，仍然保持了非常快的发展态势，网络营销有着光明的发展前景。

# 影响网络营销发展的大环境

第一方面，在大的发展环境方面，网络营销的相关政策、法律、规章和标准相继出台，网络营销的商务市场逐步规范，越来越多的企业已经尝到了电子商务和网络营销的甜头，并已有将其业务迁移到网络营销平台上的想法和规划。正式发布的中国互联网协会企业网站建设指导规范，是基于国际认可的Web标准和新竞争力网站优化思想，经过大量调查研究制定的。这一规范对于提高网站建设服务商以及企业网站建设的专业水平将发挥积极作用。企业网站建设越来越多地符合网络营销导向，那么企业网站的网络营销价值得到明显提升就是水到渠成的事情了。此后，相关方面的法律和政策环境定会越来越完善，网络营销将能够获得更良性的发展环境。

第二方面，网络营销的软、硬件环境会逐步程序化，并逐步完善。如今，互联网的普及率正在快速提高，电脑价格不断下降，智能手机不断普及，费用不断下降，电脑和智能手机的功能不断完善，这些技术层面的良好发展前景都表明网络营销会有越来越优越的条件。

第三方面，在我国管理、政治、通信、技术等领域，正在进行全球性的革命。21世纪的管理者需要用全球视角来认识国际营销中的机遇。如今客户遍及世界各地，销售网络分布全球，这些因素和商业决策的相关性日益降低和边缘化，使得地理界线和政治壁垒更加模糊。在很多方面，全球营销比以往任何时候都更容易实现。一家企业只要在互联网上设立电子商务网站，便走向了国际市场，至少在线上确实如此。人们得益于互联网，可以浏览任何一个网站。如今，无国界的商务和新的互联网经济正在改变着人们传统的消费习惯，促进我们网络营销的进一步发展。

第四方面，随着社会主义市场经济体制的日趋成熟，许多国有和集体所有的中小企业，通过改革明确了产权关系，中小企业管理日趋规范，企业素质不断提高。中小型企业是推动国民经济发展、构造市场经济主体、促进社会收入稳定的基础力量，在中国的经济发展中占有重要地位，发挥着重要作用，网络营销的兴起使广大中小型企业面临新的机遇和挑战，中小企业繁杂的业务要求，也将促进网络营销的深入发展，如图5-1所示。

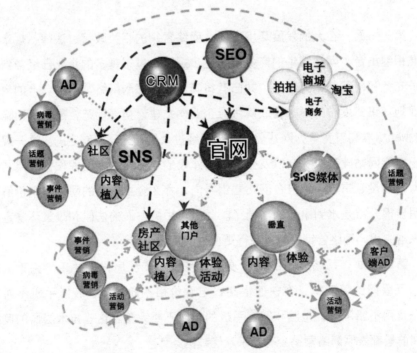

图5-1　我国网络网络营销日渐成熟

# 网络营销理念的发展趋势

第一，网站运营进入精细化管理阶段，体现了我一直倡导的网络营销"细节制胜"理念。尽管很难详尽罗列用户体验的各项因素，也很难为用户体验下一个准确而又面面俱到的定义，甚至对同一现象的用户体验没有统一的解决方案，但是这种听起来似乎有些空洞和玄虚的概念将通过各种细节体现出来并成为网络营销成功的法宝。让用户可以方便、准确、全面地获取有价值的信息和服务，才是网络营销的精髓。这是新竞争力网络营销管理顾问提出的用户体验的基本思想。

第二，今后的网络营销管理内容将进一步扩大，应用层次也将逐渐提高。互联网用户行为研究是网络营销必不可少的内容，同时也是网络营销中用户体验研究的基础，因此系统的用户行为研究和用户心理研究将成为网络营销的重要研究课题。

第三，SoLoMo概念会得到进一步发展，社会化+本地化+移动化的服务很大程度上体现了电子商务的融合度，将会越来越受到消费者的青睐。

第四，对于企业的网络行为，我有三个不成熟而又关键的看法：第一个是整合资源，发挥和平衡企业线上线下的优势，使企业地位更加完整；第二个是客观务实，具体表现为传统经济与互联网经济之间的融合，不冒进也不落伍；第三个是强调盈利，也就是效益，因为归根结底，企业在互联网上的投入，不是为了烧钱而是为了赚钱！正如艾瑞咨询所说："企业在互联网这种电子商务渠道建设上投入更多的资金，这种现象我们从去年

也看到过。目前，一些网站的这种零售的商务业态也发生了一些变化，包括淘宝商城、B2C、B2B的新探索，联动电子商城和线下实施。严格意义上说，这些变化就是概念上的咬住，它们使网络零售和产品线下这种直接的融合变得更加紧密。"

# 营销方式

## 一些主要网络营销形式的前途

据《第28次中国互联网络发展状况统计报告》数据，截至2011年6月底，中国网民总数达到4.9亿，搜索引擎的用户规模为3.9亿，较2010年年底新增用户1 153万人，使用率为79.6％，继续保持网络应用第一的排名。巨大的用户规模和搜索引擎在网民中的良好使用基础，为搜索引擎营销市场创造了巨大的市场，也将对该市场未来的发展形成有力的支撑。

腾讯搜搜、阿里巴巴、一淘、奇虎360、优酷的视频搜索"搜酷"也纷纷发力，叫板百度的市场霸主地位。腾讯高级执行副总裁李海翔认为，未来搜索的形态未必是现在的方式。腾讯的搜索引擎搜搜正更多结合其巨大的人群关系链和用户生产的内容，而这恰好是百度的弱点。而奇虎360董事长周鸿祎也公开表示，奇虎360将从垂直搜索等新一代搜索领域入手，与浏览器相结合，方向是智能、推荐式搜索引擎。自从百度投资视频网站奇艺之后，就很难从百度重要位置上搜索到优酷的视频内容，这迫使优酷发力视频搜索，并使"搜酷"迅速成为仅次于百度的第二大视频搜索引擎（见图5-2和图5-3）。

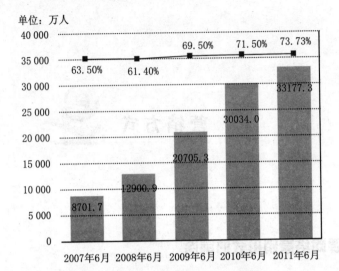

图5-2　2007~2011年视频网站渗透率趋势

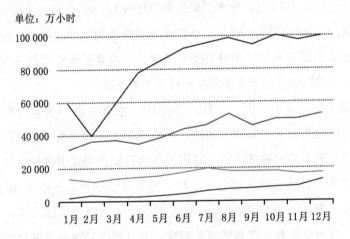

图5-3　2007~2011年1~12月在线视频网站浏览时长

从这两组数据可以看出，网络视频具有非常强劲的发展态势。

随着网民对网络视频这种产品服务或者说互联网服务的依赖性的增强或是消费时间的增长，整体网络视频的发展价值变得越来越大。受到YouTube等视频网站成功的刺激，大量视频类网站爆发性发展，而传统门户网站和搜索引擎等也将视频网络广告作为未来发展的方向之一。不过在短期内，视频广告很难发展到比较成熟的阶段，仅仅是一个值得关注的领域而已。

传统的展示类BANNER网络广告由于广告制作复杂、播出价格高昂，至今仍然只是大企业和一些野心勃勃的"冤大头"用来展示自己品牌形象的手段，传统网络广告难以走进中小企业，这就给了我们如水银泻地般的互动网络口碑营销留下了更大的发展空间。不过随着更多分类信息、本地化服务网站等网络媒体的发展以及不同形式的PPA付费广告模式的出现，将有更多成本较低的网络广告，为中小企业扩大信息传播渠道提供机会。

## 移动互联网——网络营销的新宠

早在2007年，我在上海东方卫视的脱口秀栏目《非常道》中就说，未来互联网的主力是无线互联网，手机就是电脑终端！当时人们还以为我是痴人说梦！

今天，从用户量上来说，智能手机用户只有8亿多，而全部手机用户有50多亿。它一方面说明未来智能手机用户数量的增长潜力，另一方面也暗示着我们，现在我们看到的、开始渐渐被神化的移动互联网，还只是精英们的移动互联网，还处于婴儿期，还是雏形，等智能手机真正普及了，移动互联网市场会与现在大不一样。

我还说过，未来的智能手机是芯片大脑植入——这虽是幽默，但并不是玩笑，我是在严肃地在向大家传达未来移动互联网的大趋势。

没有什么比大趋势更重要！移动互联网是继传统互联网之后，又一座待开掘的大金矿。伴随国内3G市场的成长、4G的蠢蠢欲动，带宽问题正得以解决，手机上网资费会不断下调，未来几年，移动互联网将迎来"爆炸式"增长。

可以说，在2011年的网络营销战场，移动互联网的迅速崛起，引起了人们非常大的关注。艾瑞咨询调查的数据预计，到了2013年，移动互联网的用户规模将会接近宽带用户，如图5-4所示。

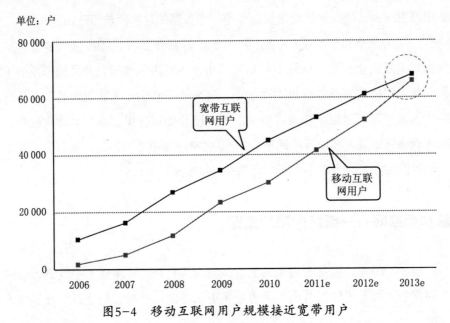

图5-4　移动互联网用户规模接近宽带用户

据《商务部"十二五"电子商务发展指导意见》，2010年我国电子商务交易额达4.5万亿元人民币，网络营销产业规模已经突破200亿元。如此大的规模，表明网络营销已经进入了快车道。艾瑞调查表明，移动互联网的营业额2013年则有望突破200亿元，达到235.1亿元。随着移动互联网业务的普及，远程支付市场规模将迅速发展，运营商和银联对近距支付的推广力度也将不断增强，会成为移动支付市场发展的重要驱动力量。据预测，用户黏性的提升和更多近距支付业务的发展将令手机支付市场收入规模快速提升。

下面，我们再来看一下作为移动互联网的主要组成部分的手机，它的应用的发展情况如下：

2011年上半年，手机网民对手机上网应用的使用深度进一步提升，各项应用在手机网民中的使用率都有一定提升。各类手机上网应用的使用率在排名上没有太大变化，前三名与2010年下半年相同，如图5-5所示。

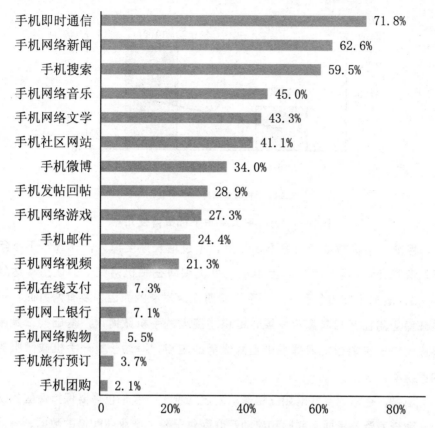

图5-5 2011年上半年各类手机上网应用的使用率排名

2011年上半年，手机即时通信仍然是网民手机上网应用中使用率最高的，使用率达到71.8%，相对于2010年年底的67.7%略有提升。即时通信工具用户群体大、手机即时通信软件预装率高等，都为手机即时通信应用的普及提供了保障。

手机网络新闻在网民手机上网应用使用率中排名第二，达到62.6%，比2010年年底略有提升。这是因为手机的随身性和及时性，信息获取类应用在手机上网应用中相对比较普及。

搜索在网民的上网应用使用率中排名第一，在手机上网应用的使用率中也占到了第三的位置，达到59.5%，较2010年年底略有提升。

其中，特别要注意的是，手机微博成为2011年上半年增长最快的手机应用，见图5-6。

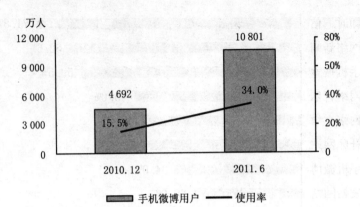

图5-6 2011年上半年手机微博使用率

目前，手机微博使用率不是很高，不过增长速度惊人，2010年下半年还只有15.5%，但到2011年上半年，手机微博在手机网民中的使用率达到34.0%，增加了18.5个百分点。手机微博快速发展的原因主要有两方面：一是微博应用在2011年高速发展，提供了庞大的手机微博用户基础；二是微博应用是一种能很好发挥手机上网优势的应用，有助于提升手机微博服务的使用率。

但是，在移动互联网如此快速的发展情况下，我们也需要保持清醒的认识。调查表示，桌面互联网和移动互联网对于整个产业ARPU值的数据，桌面互联网是300多，移动互联网是几十。但是我们看到一个趋势，这个倍数在下降，从5.1倍变成4.2倍，未来这个速度还会不断下降。从这个产业的规模增速来讲，移动互联网还是快过PC的规模增速（见图5-7）。关于移动互联网发展的未来，目前的市场有这样的言论，第一个判断是说，移动互联网将追随互联网的步伐，但会更快地发展，倍数地发展，只需要3年时间基本上就可以达到PC互联网的规模。

当然，速胜论是有很大危害的，它只会让业者更加浮躁，因为在短短3年里形成一个完善的产业绝不可能，一个成熟公司成长起来也不止三年时间。虽然艾瑞认为未来3年移动互联网的用户和PC互联网的用户基本一致，但从目前互联网企业的发展来看，想要赶超传统互联网的优势，还存在一些时间上的差距。我们不能否认整个中国互联网的发展速度确实快过PC互联网，我们很期待未来两三年中成长起一批优秀成熟的移动互联网企业，能够让我们看到他们在这个市场中有更加突出的表现。这样，我们的网络营销在移动互联网将大有作为，因为我们在传统互联网领域积淀下来的网络营销技术、人员储备、渠道资源等，都可以无缝隙移植到移动互联网的领域。据悉，全球移动广告将进入快速发展阶段。根据美国市场研究公司Heavy Reading预测，到2013年，全球手机广告总收入有望从2007年的14亿美元增至100亿美元。移动广告会在未来两年进入"井喷"阶段，并对传统互联网形成强有力的冲击。

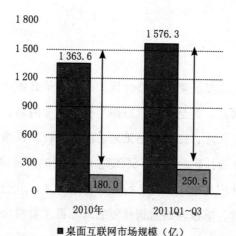

图5-7 桌面与移动互联网营收规模对比

# 网络营销人才发展及"网络推手"详解

从网络营销人才发展整体来看，目前众多电子商务企业、大中型门户网站、细分的行业网站，甚至各级政府部门和各企业的网站，的确需要各种专业的网络营销专业人才，比如网站策划、网站设计、网络编辑、媒介公关、广告管理、网络咨询、商业情报、SEO等。最需要的则是营销的复合型人才，即"多面手"，他们将是电子商务行业急需的人才。从企业对电子商务人才的需求类型上来看，掌握网络营销技能的人才需求量最大，其次是懂电子商务专业技能的人才。

但是，目前大多数企业缺乏正规专业的网络营销人员，一般都是由那些对专业市场很有经验，但对网络营销一窍不通或"粗通半窍"的传统营销人员，或是一些以技术为导向的网络技术人员客串网络营销人员。真正能出色完成工作的不多，一个关键原因在于行业内专业的网络营销人才匮乏。可以说，严重短缺的网络营销人才，已成为各公司竞相争夺的对象。未来几年，针对企业网站的设计开发及运营管理、网络推广、网络广告而言，需要数以百万的网络营销人才。相对于其他行业，网络营销有着更好的职业发展前景和巨大的发展空间，这一点已经在欧美发达国家得到了证实。

这里，我们要单独提出网络营销中一类非常特别的人才——"网络推手"，可以说，他们确实是网络营销人才中一个非常独特而又"杯具"的人群。

自2005年10月起，由于我的出现，汉语中出现了一个新词：网络推手。这是网络时代产生的众多新词汇之一，由于这个词很好地诠释了网络推广从业者的角色，迅速被媒体和公众传开，成为人所共知的一个词。上海《解放日报》的记者陈廷雯采访天仙妹妹事件时，他们首次提出"网络推手"这个词，可能由于媒体排期的关系，最早报道这个词的媒体是《成都晚报》2005年10月13日的报道《"乖妹儿"引来"天仙MM"》。这也是首次在公开媒体上明确写出这一词汇。网络推手指的是借助网络媒介进行策划、实施并推动特定对象，使之产生影响力和知名度的人，对象包括企业、品牌、产品、事件以及地区和个人。

今天来看，究竟什么是网络推手呢？网络推手又名网络策划师，是指懂得网络推广及其应用的人。推广的对象包括企业、商品、个人等。网络推手的主要工作就是利用互联网技术与个人创意，策划并实施一系列提高推广对象知名度及社会影响力的行动，让对象以很快甚至极快的速度在网络上走红，一举成名，从而帮助其在现实中获得成功及利益。网络推手将从推广的对象所获得的利润回报中抽取一定的酬劳。

网络推手的工作是不是简单的炒作呢？事实上，不是！网络推手的工作其实并不简单，网络推手是网络事件的直接策划者，通过网络推手的完美策划，加上专业执行团队的有力执行，对各种网络资源进行有效整合，使得网络上出现一个又一个红火事件，如"买光王老吉"事件、"天仙妹妹"事件、"出售剩余人生"事件等。传统的广告公司更多的是在平面媒体上做文章，近几年也有许多传统广告公司意识到网络媒体的开放性、受众性等特点，逐渐向网络媒体拓展自己的业务。网络推手则熟悉网络运作的流程，更熟悉网民的习惯，针对事件或者产品特点，知道从哪个点出发，进行精准策划和准确实施，从而达到理想的宣传和推广效果。

那么，网络推手具有哪些核心竞争力呢？

### 1. 善于抓住网民的兴趣点

众所周知的百度"竞价门"后，更多网友开始对基于"搜索链"所带来的网络信息产生戒备与怀疑。对此推手们并不担心，道高一尺，魔高一丈。虚虚实实，假假真真，这是一种战略。网络推手的"推"，一定是有事件背景的，比如利用"神七"上天、"三鹿奶粉"、"亚运盛会"等事件，越贴近百姓生活的事件越有价值，越沾上有影响力的企业、人物，就越能抓住受众的兴趣点。

### 2. 善于找到合适人选

先发现或者准备合适的、有争议的人物（多为漂亮MM），联系上对方并达成合作意愿后，亲自动手或再找知名写手合作，发表有争议性的、扯眼球的话题文章，自然吸引很多网友参战。当把话题"养肥"到差不多成熟时，就联络网站编辑、论坛版主等，通过首页推荐、二级首页推荐、制作专题，将之加精、置顶、将标题标色等。经过一定发酵期之后，多半会吸引众多传统媒体纷纷跟进，将被炒者的网络关注转移到现实生活当中，成为普通老百姓在街头巷尾的谈资，甚至成为较大社会事件，为网络推手们锦上添花、推波助澜（见图5-8）。比如我们2006年推出的真人漫画《非常真人》，第二天就有省级大媒体追着采访。

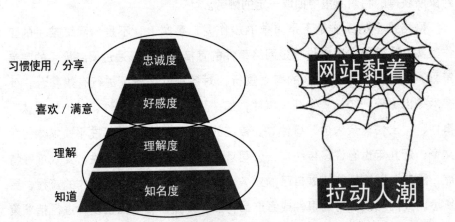

拉动人潮：让大家知道，有兴趣
网站黏着：让消费者理解，加强好感，建立忠诚

**图5-8 消费者对产品的态度**

### 3. 善于攻破网民的心理防线

抓住受众的兴趣点是表面，而掌握受众的心理才是根本。如在维权事件中，网络推手牢牢抓住了消费者们在维权过程中的弱势心态。与商家相

比，消费者个体处于劣势，属于弱势群体，因此一旦出了问题，很多商家都会推三阻四。如果找消协解决，人家要处理数不清的投诉，何时能轮到消费者呢？最后一招，那就是消费者和商家打官司了，动辄花两三个月，还不包括诉讼费用、律师费用，维权成本太高，使得很多消费者被迫放弃。而熟悉法律的网络推手，则可以利用这个优势，诉诸法律，再加上在网络上鼓动造势，让事件在有利的媒体上传播以引起网民的关注，再把传统媒体拉下水，引起更多人的关注，从而产生"滚雪球"的效应。抓住了受众的心理，才有可能争取到有利于自己的舆论导向，才能使成功率最大化（见图5-9）。

### ·他们想获得什么

——乐趣，线上活动的乐趣

——知识，能通过网络平台得到知识　　　平台设置？

——交流，通过平台实现交流

——利益，线上活动能带来奖品的利益

乐趣　　　　知识　　　　交流　　　　利益

图5-9　消费者心理需求

### 5. 善于组建专业团队

现在网络上人气高的大中型论坛的验证码是越来越复杂了，有效地阻止了那种技术含量很低的"程序发帖、机器发帖"，新注册会员也必须先回复若干数量的帖子（跟帖后）才能发新帖，或者必须等若干时间后才能发帖，比如著名越野社区《越野e族》变态到了注册后居然要72小时后方能发帖、跟帖！

发帖仅仅是开始，最重要的还是维护，最基本的维护就是要顶帖，把前几天发布成功的帖子顶起来，看看有没有很有意思的回复，然后跟他们交流或对骂，这样，帖子就能在论坛长期保持热度，才能起到宣传效果。因此，现在网络推手已经不是一个人在战斗，在他身后，还隐藏着一个团队，少则三五人，多则四五十人，已经完成了规模化、专业化、公司化。

### 6. 善于维持话题热度

在炒作过程中，必须要有针锋相对的两派观点互驳，才能引起网友自发地发帖、跟帖，投入其中。当双方形成一种相持局面后，要在你来我往中持续制造热点话题，延续曝光率。这点非常重要，否则热点坚持不了几天。话题升温的4个阶段见图5-10。

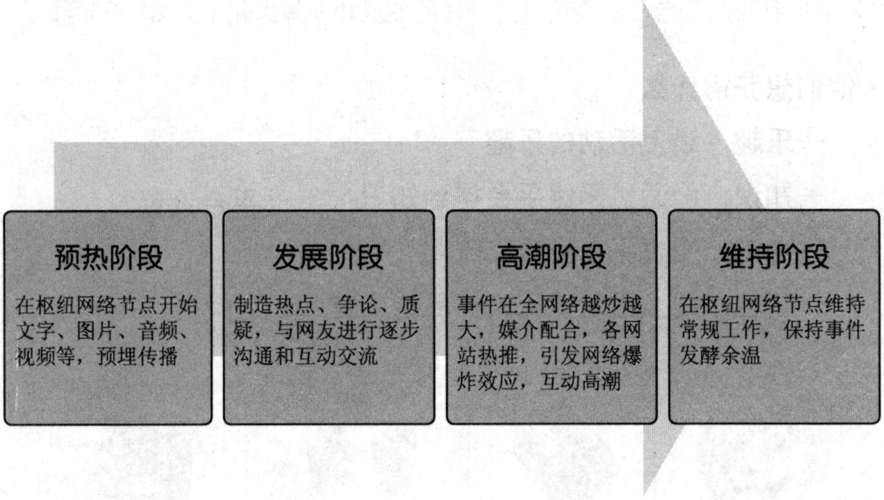

**预热阶段**
在枢纽网络节点开始文字、图片、音频、视频等，预埋传播

**发展阶段**
制造热点、争论、质疑，与网友进行逐步沟通和互动交流

**高潮阶段**
事件在全网络越炒越大，媒介配合，各网站热推，引发网络爆炸效应，互动高潮

**维持阶段**
在枢纽网络节点维持常规工作，保持事件发酵余温

图5-10　话题升温的4个阶段

要更深入地理解网络推手，一定要理解网络推手和网络打手的区别。

制造话题，宣传美化一些特定产品的，叫做"网络推手"。

针对客户竞争对手的某些缺陷瑕疵，进行攻击和炒作，按客户需求通过各种方式，组织人员发帖吹捧客户及其产品并且密集发帖诋毁、诽谤竞争对手，影响其网络形象的，叫做"网络打手"。

"网络打手"是在互联网环境比较宽松、网络营销行业不够规范的基础上应运而生的。最重要的因素还是市场需求，有些企业和个人缺乏商业道德，想利用网络的传播特性来攻击对手，有了这样的需求才让"网络打手"有了生存之道。因为很多"网络打手"公司是草根，迫于生存压力，或者想在江湖上扬名，才会干出"打手"的事情。"网络打手"的出现，使网络推手陷入诚信危机，以正面宣传、包装个人和企业为工作内容的网络推手遭到公众的质疑——"打手"公司与被命名为"口碑营销"、"互动营销"、"论坛营销"的公司有明确界限吗？面对质疑，被冠名为推手或自称推手的正规从业者，都不约而同地表示同意。"网络打手"甚至会把事先准备好的苍蝇扔进某知名饮料的瓶子里，随后配以义正词严的讨伐图文，一时间让舆论哗然，无数网友的愤怒被瞬间点燃。

可以看到，网络推手和网络"打手"都是有利益推动的，从上游的策划者、被炒作方，到中端的传统媒体跟进扩大效应，发帖公司炒作，最后下游的水军执行海量发帖，环环相扣，每一层都能获得自己的利益。但是，两者具有很大的区别，比如业内大有名气、我的徒弟加战友、现在也在帮助企业从事网络营销服务的"立二拆四"告诉《财经时报》说："我最近打算成立一个反黑联盟，共同声讨网络打手现象。"在他看来，网络推手有网络推手的原则和尊严，第一条就是不作恶，不做违背道德准则的事，而"网络打手"却完全违背了这些原则。此外，失败的论坛营销都是带强烈欺骗性的，因此攻击对手的方法很难长久。而成功的论坛营销则是建立在事实基础上的，比如说王老吉，如果没有真实捐款一个亿，网上就很难做出"封杀王老吉"的著名营销事件。

网络打手的负面形象影响是一方面，大家在说到网络推手时，还是有一种排斥的心理的，这也是网络推手们感到很"杯具"的地方。其实很正常，任何一个行业的初期，总是遭到大多数人的排斥。主要问题在于：人们思维定性，对一些新兴事物首先选择一种排斥的手段，看其表现再逐渐接纳它；新兴事物在刚开始都不是很规范，这样就造成了一些负面影响。其实，随着网络推手这个行业的发展，很多从事这个行业的人，都有一个共同的目标，即让这个行业健康、持久、稳定地发展下去。而要达到这样的结果，就必须有一套完整的行业规范。

目前，在网络推手方面走在前面的公司，都已经开始逐渐将眼光放在网络推手的行业规范上面。但是这个行业规范到底何时能形成一个完整的体系，看来还需要一段时间的磨合。当然，对这些公司来说，首先要做好自己，才能影响别人。任何一个公司想要做大，首先得做好自己，用自己的行动来引导同行，逐渐将整个行业规范起来。当整个"网络推手"产生出一个真正的属于自己的行业规则的时候，它的职业化道路才能开始。近两三年，"网络推手"行业从草根、粗放式的推广模式正向集约、专业式的推广模式转变，网络推手群体的特点已经发生了很大变化。一些新闻行业从业人员和传统广告行业从业人员陆续开始加入"网络推手"行业，主要负责包装推介企业和产品。由于他们比较懂得新闻传播或广告营销的特点和技巧，又有专业资源，因此给这一行注入了生力军，并加速了这一行走向正规化。另外，像大型传统广告公关公司，比如"奥美"、"蓝标"等，也与时俱进地开设了专门负责网络营销的部门或者分公司，并向过去的"网络推手"团队大肆挖人和"招安"，这场人才争夺战，也许才刚刚开始！

　　是的，这一切仅仅是开始，最多是开始的结束！中国网络营销过去的8年是野蛮成长、草根成长、混乱成长的8年，在未来的新8年里，从事网络营销的企业和个人，应该更多考虑一下专业精神、道德约束和社会责任感！

第六章

精细管理——网络营销在行动

前几章，我们对网络营销的基本理论和来龙去脉、网络营销如何展开和有效方法进行了理论上的阐述。本章将从精细化的角度出发，将以笔者一手打造的经典案例为引子，与大家探讨网络营销的设计、实施和操作，从而帮助每位读者对网络营销形成个更为立体的认识。

# 淘宝和出售 "剩余人生"

2009年1月，《重庆晚报》刊登了一篇报道：时间也能卖？说的是一个叫陈潇的 "80后" 女孩，在淘宝网上开店出售 "剩余人生"。这条新闻很快引起热议，网络上就像炸开了锅似的讨论起来，众说纷纭，贬褒不一。很快，传统媒体也纷纷跟进，人们不禁叹道："原来淘宝上什么都能卖啊！"

我们先来了解一下此事的来龙去脉。

2008年12月5日，心情不好的陈潇在猫扑网上发了一个帖子，上面这样写道："活着真没意思……我想换一种生活方式，你们来安排我今后的生活吧……" 11天后，她正式在淘宝网上挂出出售 "剩余人生" 的招牌。为了表示诚意和真实性，陈潇留下了自己真实的QQ号码、邮箱地址和手机号，甚至还上传了她的身份证照片。

对此，网友们半信半疑。有质疑者称之 "有堕落的嫌疑"，生活态度严肃的人认为此举是被金钱支配了人生。有网友留言说："卖自己的时间，我觉得有点荒唐。友情和时间都是无价的，付了钱就是交易。" 甚至有人直言不讳地在她的页面上留言说："你觉得这就是你生活的全部了吗？为什么不好好找个人包养？虽然觉得你这样的生活方式很独特，但是你觉得这能长久吗？人生不是有很多时间可以浪费的。"

当然，力挺陈潇的也大有人在，有人支持说："时间是有价的，工作无非就是用 '时间＋精力' 去挣取某个标准的金钱，说不好听了，不就是用钱去买你的 '时间' 和 '精力' 吗？"

针对网上莫衷一是的看法，一家专业调查网站对此发起了调查。短短5天的时间就有近2 000名网友参与了调查，其中37.2％的人明确表示不会购买，39.2％的人回答购买的可能性较小，而回答可能性较大和很大的加起来一共才不过7％。对其评价，有37.4％的网友认为这是一种新的兼职形式，实属正常；有20.1％的网友认为这个想法不错，有兴趣一试；有22.6％的网友认为，这是一次炒作。

不错，这就是一次炒作，只不过网友眼中所谓的"炒作"与我的理解是有差距的。下面我们就来看看，这次所谓的"炒作"是如何一步一步地实施的，这其中又是如何通过精细化网络营销实现初衷的。

在此之前，我们先来了解一下淘宝。你们不要觉得一头雾水，此事与淘宝确实有千丝万缕的联系，当然并非仅仅因为陈潇出售"剩余人生"的网站选择是在淘宝上，且耐心听我把故事继续说下去吧。

淘宝网由阿里巴巴集团在2003年5月10日投资创立，它致力于打造全球领先网络零售商圈。创立以来，经过近10年的高速发展，目前已成亚洲第一大网络零售商圈。2009年年底，已拥有注册会员1.7亿，全年交易额为2 083亿人民币，2010年则高达4 000亿元人民币。

淘宝的口号是："淘！我喜欢！"当然，在马云的脑海中，这句话还不足以囊括他对淘宝的理解和期望，他提出另一句口号："淘宝无所不在，淘宝无所不卖！"这个口号似乎更贴近马云的心。

在淘宝以及淘宝商城里，我们可以看到不计其数的商家在网页上展示五花八门的产品，大到家具家电，小到一针一线，"晒"得兴高采烈；数以万计的网民通过网页选购自己心仪的物品，从日常使用的牙膏牙刷，到偶尔一用的整蛊工具，"淘"得不亦乐乎。在这一"晒"一"淘"中，淘宝真的成了"宝"，这就是淘宝。

马云做梦都在想如何让淘宝做大做强，我则是以此次"炒作"帮他更进一步地走近他的梦想。这不是真正意义上的炒作，只是另一种宣传方式，或者说，这就是网络营销。

天下大事，必做于细。网络营销如此，任何形式的宣传也都如此。在出售"剩余人生"这股风潮中，处处体现出精细化网络营销的精神。

## 一、创意

创意就是具有新颖性和创造性的想法。任何一个创意，必然立足于事件本身，来自于对时下各种条件、资源和形势的精确判断。从这一点来说，精细化的精神一目了然。

在出售"剩余人生"一事中，我们精确制造了几个亮点：美女、交换、出售、下半生等。看过陈潇真实照片的人都知道，她可是一个不折不扣的美女，美女总是更容易吸引人的眼球。一个美丽动人的湘妹子要出售自己的"剩余时间"，本身就已经具备足够的噱头，此事的争议性、游戏感、互动性极强，这些特点让此事更易成为热点事件。一旦成为网络热点事件，那么此次网络营销就已经取得了开门红。

我们仔细分析了当时的网友动态以及热点事件的必备属性，在创意方面进行了深入的研究，为此次营销的成功奠定了坚实的基础。

## 二、平台

陈潇出售"剩余人生"的讨论，最早出现在猫扑论坛上，而不是众所周知的天涯社区，这是为什么呢？莫非有什么讲究？

回答上述问题之前，我们先来了解一下国内主要的论坛。国内网络论坛不计其数，而影响最大的只有两个，那就是天涯社区和猫扑论坛。别看它们俩都在网络上讨生活，特点可是截然不同的。天涯的版面平平常常，没有很华丽的感觉，帖子质量较高，浏览者以中年人居多；猫扑是千橡公司除校内外的另一个大站，页面华丽漂亮，限制最小，处处体现出跳跃性发散思维，大多数人是18~35岁的年轻人，这里是大部分网络词语的发明地。

大家看出区别来了吗？

浏览者——不错，就是这个关键词。简而言之，天涯论坛较为成熟化，浏览者以中年人和老年人居多；猫扑则相对年轻化，浏览者以年轻人居多。

再回到出售"剩余人生"事件上来，带着众多噱头的故事，显然更能吸引年轻人的注意，从而在网络上形成一点到面、以一传十的传播效应。

在传播平台的选择上，我们进行了精准定位，从而为事件得以快速传播打开了一扇方便之门。

## 三、真实

人民群众的眼睛是雪亮的，稍有理性判断能力的网民，都能琢磨出网络事件的真假虚实。我们预知，出售"剩余人生"事件一旦在网络上传播开来，必定会引来无数网友的怀疑和猜测。为了消除大部分网友的疑心，我们安排陈潇勇敢地在网络上贴出自己的QQ号、手机号码、邮箱和身份证。这些信息可都是真实的。当一些兴奋的网友试图通过"人肉搜索"来"揭穿"陈潇时，收获的却是意料之外的"惊喜"——这一切都是真的！

我们从细节上安排这一点，就是为了增加真实性，吸引更多网友关注，扩大传播的范围。事实上，这种貌似大胆，实则用心良苦的安排取得了良好的效果。当"人肉搜索"结果出来之后，大部分网友都选择了相信，而相信的力量是巨大的，口口相传而形成的口碑效应是惊人的。

## 四、行动

行动是回击怀疑的最好武器，真实不虚而具体细致的行动是说服网友的最佳途径。

在众多网友半信半疑的猜测中，事件的主角陈潇开始一次又一次地完成网友对她的安排，看升国旗、代人品尝食物、与长城好汉石合影等。发帖11天后，陈潇在淘宝上开起网店，正式打出"我的人生由你安排"的招牌，吆喝售卖"陈潇的剩余人生时间"。

在淘宝上打出招牌之后，陈潇的生意更加红火了。

写大字报、发短信或打电话给某人——请购买8分钟；

看望朋友、去某个地方——请购买1小时×数量（和路程远近有关）；

帮助找人或选购服装——请购买1天；

……

有一次，一个网友请她在路上拥抱一个陌生人，陈潇选择拥抱了从献血车上下来的一位陌生人；还有一次，网友要求她拍张浏览猫扑的照片，让其确认整件事是由本人发起的，陈潇于是贴着电脑自拍了一张照片。从2008年12月5日起，陈潇把完成任务的照片发布到网上，每次完成任务后公布的图片、文字都有精确的时间、地点、人物和细节。

另外，陈潇明码实价，活动有实际收入，赚得最多的一次是在2010年元旦当天，她为一个公益活动到长城收集笑脸，进账2 000元。整个活动自然正常，合乎情理，消除了故意炒作自己的嫌疑。

陈潇的所有行动都健康、阳光、公益、正面，符合"淘宝"的品牌要求。通过实际行动，我们让网友们相信，这不是陈潇个人故意炒作的行为。细致入微的安排和脚踏实地的行动，让这个时间摆脱了炒作的嫌疑，它实际上是一次营销。

# 五、协作

这不是一个孤胆英雄的时代，每一个事件的背后，每一个部门的身后，每一个企业的幕后，都有一个团队，团队的协作能力决定了成败得失。

根据以往经验，我们预计，随着中后期各种传统媒体的介入报道，作为女主角的陈潇将不得不独自面对众多媒体的闪光灯，因此她的个人能力就显得尤为重要了。我们之所以选择陈潇，就是因为她是知性美女，不仅熟悉网络，而且独立性强。在这一安排上，我们可谓煞费苦心。此外，整个团队虽然隐藏在幕后，根据陈潇的行动计划、事件发展的趋势和网络传播的形势，积极出谋划策、推波助澜，虽然没有留下团队商业炒作的痕迹而授人以柄，却发挥了任何个人都难以达到的作用。

团队为大，个人为小，一个又一个精明能干的个人，组成了一个无所不能的制胜团队。我们不仅从个人的角度控制细节，也从团队的角度把握细节，从而形成了完美的协作关系。

## 六、引导

此次网络营销的最终目的是什么？

很多读者或许还有些茫然费解，部分心细如发的读者大概已经明白，此次营销的最终目的就是宣传马云提出的"淘宝无所不在，淘宝无所不卖"的口号。

任何口号都不是凭空想出来的，而是在具体而细致的工作中体现出来的。我们在开始营销之前，就必须着眼于引导网络舆论，把舆论的关注点立足于马云的口号上。因此，精准引导就成为关键中的关键。通过以上五点努力，我们将淘宝比作靶子，把马云的口号视为靶心，一步一步地引导网民和读者走进预设好的空间里，最终在网络和主流媒体上留下了痕迹，一道显而易见的痕迹，那就是——马云终于实现了他的梦想，至少民众相信了他的口号。

出售"剩余人生"的案例大获成功，据统计，各大论坛传播总计115万篇，形成了巨大而良好的社会口碑。国内所有电视台，包括CCTV、凤凰卫视、各省市电视台均有报道。国外的媒体，包括CNN、朝日新闻、半岛电视台等纷纷来到国内采访报道。在这一事件的影响下，淘宝网新增该模式的网店5 000多家，拍拍、百度有啊等网站也出现大量模仿的网店，淘宝成为同类网站的开创者。

从精细化网络营销的角度来看，通过这次"出售剩余人生"，充分展示了精细化网络营销管理的四个意识：

细节意识——网民的眼睛都是雪亮的，细节决定成败，在每个细节上要不留任何漏洞；

服务意识——消费者至上，网络服务就是现实服务，每次出售活动都给网民留下很好的印象；

规则意识——要有一个详细的建立在网络调研基础上的规划，包括规则执行的细节等；

系统意识——网络营销是一个系统工程，不是心血来潮或者单打独斗，必须有创意预谋、有详细计划、有团队合作、有预备方案、有危机应对、有总结报告等。

# "非常真人"的非常细节

你喜欢上网吗？

你经常在各大论坛上转悠吗？

你知道什么是"非常真人"吗？

如果你经常流连于网络，喜欢在各个论坛上潜水或者冒泡，那么一定还记得"非常真人"的魅力，一定曾被那无厘头而又回味悠长的故事逗乐过。

非常真人开创了网络真人漫画的先河，它以其独树一帜的绘画手法带给人们轻松娱乐，仅仅一个月便蹿红网络，创下了极高的点击率。从内容上讲，非常真人以恶搞热门娱乐事件为噱头，从表现形式来说，以四格或N格"真人漫画"为主。非常真人共有两季，其中2007年年底之前称为非常真人第一季，2010年之后称为非常真人第二季。独创这一娱乐手法的主创人员如下：

第一季：

演员：王嘉华、金链子、慕容萱、菜刀妹、柜子妹妹、非常阿锋、大勇等。

创意、摄影：浪兄、非常阿锋。

第二季：

演员：王嘉华、蓉蓉、非常阿锋、微琪、明月、姜志毅、刘伟、小谊等。

创意、摄影：浪兄、非常阿锋。

整个团队自称"非常真人"，本人不仅是策划人和推广人，还亲身参与了非常真人的摄影、剧本等工作。做"真人漫画"的点子，缘于我在北京一家娱乐中心消费时，无意中看到厕所墙壁上的几幅铅笔漫画，漫画拿最新的娱乐新闻开涮，非常有趣。我当时就想，如果是真人用夸张的表情和动作来演绎，一定会更加有趣。主意打定后，我立即着手拉人"入伙"。通过这个名单我们可以看出，是整个团队中每一个人的努力，才造就了非常真人的成功，绝非我浪兄一人的功劳。

非常真人第一季第一期始于2006年5月，当时选择在天涯社区贴出，主要内容是对热门娱乐事件进行恶搞，因此迅速获得网友的追捧。6月，"非常真人"将主要阵地转移到新浪博客，因为博客更适合表现非常真人的内容。几个月后的11月13日，新浪网上刊出一则消息：新浪博客"非常真人"在刚刚结束的"德国之声2006国际博客大奖赛"中获得公众奖第一名，奖项为"博客肠——最古怪好玩的博客"。其实在此之前，猛小蛇的"狗日报"曾获得2004年度德国之声全球"最佳博客奖"及"最佳中文记者博客奖"，"按摩乳"获2005年度最佳中文新闻博客金奖，"反波播客"获2005年度最佳播客网站金奖。然而这些获奖并未引起人们对"德国之声国际博客大奖赛"的关注，整个中国互联网对之依旧一无所知。就在2006年度，新浪博客原晓娟（娟子）获得了"最佳中文博客"，木子美获得了"最佳播客"，然而中国网民依旧对之视而不见，直到非常真人获奖，中国的网民才对"德国之声国际博客大奖赛"产生了浓厚的兴趣，"德国之声国际博客大奖赛"由此走进了中国互联网和中国百姓的视野。

德国之声国际博客大奖赛的英文为The BOBs，它是德国之声举办的年度国际博客大赛。2004年，首届大赛于德国首都柏林举行。此后每年，大赛于9月初开始，11月中旬在柏林举行颁奖仪式。德国之声国际博客大赛意在推动国际博客界的发展，从2005年开始，德国之声联手记者无疆界组织设立特别奖项，以支持推动一些国家和地区的信息言论自由。

按照德国之声国际博客大奖赛的章程，来自世界各地的博客、播客都可以参赛。参赛博客使用的语言分别是中文、英语、德语、葡萄牙语、阿拉伯语、波斯语、西班牙语、俄语、荷兰语、法语。

德国之声国际博客大赛共设15个奖项，分别是最佳博客、最佳播客、最佳视频播客、记者无疆界特别奖、博客肠——最古怪有趣博客、最佳中文博客、最佳英文博客、最佳法语博客、最佳德语博客、最佳阿拉伯语博客、最佳葡萄牙语博客、最佳西班牙语博客、最佳波斯语博客、最佳俄语博客、最佳荷兰语博客。

评委大奖和公众奖是大赛中最有分量的大奖。其中公众奖由来自全球各地的网友投票评选，同时一个由知名博客、媒体专家和记者组成的国际评委再由网友推荐的优秀博客中筛选提名，最后在柏林共同评选并揭晓。

因此，非常真人所获的公众奖是极具分量的，它不仅证明了非常真人团队的想象力和创造力，而且借由非常真人的成功，国外的媒体和大众见证了中国互联网以及网民力量的成长和壮大。

那么，非常真人是如何成功的呢？

任何成功都离不开团队的力量，团队的力量才是伟大的力量，才是无所不能的。非常真人团队中每个人都在用热情演绎着一个又一个故事，画面定格间，视频流转中，流淌的都是我们的思考。无厘头并不表示我们缺少激情，噱头并不意味着失去理智，实际上，我们是在用无厘头和噱头释放激情，展示理智，从而带动广大网民焕发出思考的力量。

我一直在强调，非常真人的成功是整个团队的成功，那么从精细化管理的角度来说，非常真人在网络营销方面的巨大成功能带给我们哪些有益的启示呢？

## 一、各就各位，建立专业化的岗位职责体系

先后参与非常真人团队的有十余人，他们各有所长，各有所短，团队上下扬长避短，人尽其才，这才打造了一个人人称赞的团队。在这个团队里，演员、摄影、剧本和制作，大家根据自己的专长各司其职。如果从岗位的角度来说，就是各自承担自己的岗位职责，细化到事，细化到人，大家各就各位，众人拧成一股绳。

这一点对当前的企业来说有积极的启示意义。

当前，大部分中小企业的组织架构和岗位职责混乱，致使企业管理无序，部门和人员之间相互扯皮、推诿，内耗严重，对此老板头痛不已，经理人员烦恼不堪，员工抱怨不断，整个企业效率低下，经营不善。放眼国内外，一些大中型企业滑入破产的边缘，甚至关门歇业。2005年，IBM电脑部门被联想收购；2008年，中国曾经的奶粉企业巨头三鹿集团因三聚氰胺毒奶粉曝光在一夜之间破产倒闭；同是2008年，辉煌了150多年的雷曼兄弟在次贷危机中轰然倒下……分析原因，一个重要的因素就是它们未能建立专业化的岗位职责体系，或者即使建立了完善的岗位职责体系却束之高阁，没有严格地贯彻实施。

如何建立专业化的岗位职责体系呢？

第一步，组建适应企业发展的组织架构；

第二步，界定明确各部门的职责；

第三步，把各个部门的职责细分到各个岗位；

第四步，设立专门的监督部门和岗位，检查和督促执行情况。

在实际中我们发现，一些企业已经制定了《岗位职责指导书》，对各个部门和岗位都进行了细分，然而管理顽症依然如故，这又是为什么呢？原来他们的《岗位职责指导书》大同小异，泛泛而谈，根本没有结合具体而实际的业务流程加以专业化，对工作权责也没有进行具体性的岗位描述，这样所谓的《岗位职责指导书》便成为一纸空文。

作为一个企业，需要的并非仅仅一本《岗位职责说明书》，更需要实实在在的、能够指导不同岗位的员工履行职责、开展工作的规范细节指引，需要紧密结合细化的权责提炼出合理的、量化的考核指标，进而让岗位职责与绩效考评不仅中看，而且中用。

从网络营销的角度分析，企业当根据自身的性质、规模和特点，建立适合自己的专业化的网络营销岗位职责体系。如专门的网络营销部门应该具备以下岗位：网络营销总监 + SEO专员 + 信息采集与维护专员 + 网络文案专员 + 视频、无线类专员 + 网络媒介专员。这些岗位的员工都有明确的岗位职责，都是精兵强将，都能独当一面，这样的团队才是攻无不克的。

以下组织构架图可供参考（见图6-1）：

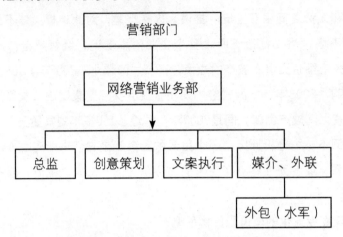

图6-1　中小企业网络营销组织构架

## 二、各干各事，建立目标管理体系

非常真人的"真人漫画"并非贴了了事，我们一直在追踪网民的回复和反馈信息，确定点击率等相关数据，以此作为进一步创作的依据。简言之，我们因时制宜地确定和修改我们的目标，即为广大网民提供更好的作品。在这个过程中，目标管理体系渐现雏形。细化到每个团员，就是各自做好各自的事，建立各自的目标，从而使整个团队的目标管理收到良好效果。如果将我们每个人的工作都以书面的形式加以汇总，那就是一本《网络营销岗位职责指导书》。

这一点对企业的指导意义在哪里呢？

从企业的角度来说，《岗位职责指导书》的作用就是给每一位员工明确定位，明确绩效考评的标准，从而构成绩效管理的前提条件。当然，这些毕竟都是静态的，单靠这些考评还远远不够，考评的核心内容其实是"考什么"。对各个岗位的工作计划与目标完成情况进行考核，这是企业得以创造业绩的关键点，因此，企业需要建立一套精细化的运营管理系统。

如有一家企业建立了一条以"5年战略目标—3年经营规划—年度经营计

划—年度绩效考核体系"为主线的战略目标管理体系，这个体系将战略发展目标层层分解，直至可以进行量化考核。这一目标管理体系已经具备了精细化管理的所有因素。公司的战略思想最终通过年度绩效考核体系落实到每个部门和每位员工的身上。与此同时，为了实时监控和及时调整战略、经营规划，企业建立了一套计划/目标监控体系，通过周、月度、季度、半年度和年度的系列检查反馈与总结，以帮助公司各个层面的管理者都能及时掌握与自己相关的信息，便于提前对下一步的工作做出调整和安排。我们可以发现，这两套系统将由上至下的战略制定与实施过程和由下至上的经营反馈过程很好地结合在一起。

其实上述在目标管理体系方面的精细化管理，从企业网络营销的角度分析完全可以加以借鉴。《网络营销岗位职责指导书》的目的之一就是建立营销队伍的目标管理体系，从而为每个员工划分权限，设立目标，进而加强自我管理和团队管理。当每个人都能不折不扣地完成自己的目标，那么营销目标的实现便是水到渠成的事了，企业便能以极低的成本获得更多的收益。

## 三、各考各评，建立科学的考评体系

在非常真人不断上演新的"节目"，漫画不断更新的时候，针对网民和媒体的反应，我们也进行了一定的考评。譬如演员的表演是否到位，摄影的效果是否突出，剧本的质量是否更好，制作是否更佳等。"各考各评"的理念是员工自我对比、自我考评，力争做到"公平、公正、公开"，这本身就是精细化操作体系的一个组成部分。具体操作方法中强调两条原则：其一，最大限度地保证考评的客观、公正和全面；其二，强调参与、互动、双赢，重在绩效改进、能力提高。我们以团队为单位，对自己以及同伴的工作进行多次分析和考评，通过这种考评的方式不断地提高自己，进而提高非常真人整个团队的表现力和综合能力。

从网络营销的角度来分析，图6-2的效果评估图可供参考：

**X 不重要：**
1. 软文撰写总人数
2. 软文的字数
3. 软文数量多少
4. 软文发表在哪里

**√重要：**
1. 谁来发表？网络名人or普通网民
2. 谁来摄？网络摄影师or普通网民
3. 软文被推荐在哪个网站的首页
4. 是否作了软文的SEO优化
5. 软文被转载总次数多少

**X 错误的效果评估：**
1. 多少字
2. 共多少篇
3. 发了多少个地方

**√正确的效果评估：**
1. 得到大型网站的多少推荐位置
2. 直接点击率总数
3. 百度、Google搜索总数
4. 转载点击量总数

图6-2　效果评估

　　早期，非常真人的所有工作都没有赞助商，换言之，所有的费用都是自掏腰包，整个团队并非为了经济利益而聚在一起。后来，随着非常真人活动不断地深入人心，不少商家主动找上门来，提供了一些广告赞助，这才改变了"入不敷出"的境遇。"非常真人"可能是全球唯一靠博客养活自己的群体，主要收入来自在真人漫画中加入广告。我们采用的是植入式广告，即是在漫画中加入赞助商的商品、标识、品牌名称等信息，从而达到广而告之的效果。

　　精细化管理是一种管理理念，一种管理文化，"精、准、细、严"是其基本原则。精细化不能单从字面来理解，其包含了以下四个方面特征：精是做精，求精，追求最佳、最优；准是准确、准时；细是做细，具体是把工作做细，管理做细，流程管细；严就是执行，主要体现对管理制度和流程的执行与控制。这4个特征不仅适合企业管理，同样适合网络营销。

　　企业如何才能打造出一个优秀的网络营销团队呢？

　　通常需要开展以下几个方面的工作：

①建立机构。

②招募人才。

③培养和锻炼人才。

④激励与评估、考核。

⑤与其他部门的协同、配合。

一个网络营销团队通常需要以下人员配置：

网络营销总监，1人；

创意及策划，1～2人；

文案及媒介，1～3人；

技术支持，1～2人；

多媒体应用，1～2人。

看到没有，其实组建一个网络营销团队并不需要千军万马，只需要小而强的几个人而已。别小看这屈指可数的几个人，其威力可不容忽视。只要做好以下几项工作，一个小小的团队便能撬动地球。

①强化企业网络营销团队的执行力，所有网络营销成功的个案，10%在创意，90%在执行！

②团队要在状态，要用最好的状态去工作。

③网络营销工作要流程化、定量化、艺术化。

④每一个彪悍的团队必然有一位彪悍的领导。

⑤整个团队要不断地学习和训练。

⑥执行力落地是衡量企业网络营销生命力的核心标准，网络的虚拟性众人皆知，如果网络营销工作虚而不实，那收获的将是彻底的失败。

当然，开展网络营销也要循序渐进，量力而为。千万不要以为网络营销可以一步登天，网络营销虽有反馈快的特点，但是需要机遇和时间的配合。因此，做网络营销要有量力投入、长期投入的准备。

图6-3是关于网络公关的示意图，掌控好了会对有志于打造网络营销队伍和开展网络营销工作团队有所裨益。

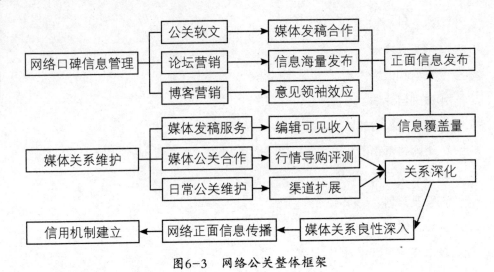

图6-3　网络公关整体框架

# 别针换别墅
## ——中国式童话是如何诞生的？

　　2005年7月14日至2006年7月12日将近一年间，加拿大一个叫凯尔·麦克唐纳的小伙子，以一枚巨大的红色曲别针为资本，经过16次物物交换，最终实现了换别墅的梦想。不仅如此，他还与兰登书屋公司签订了出书协议，并把电影拍摄权卖给了好莱坞梦工厂，从而上演了一场"曲别针换别墅"的童话。时隔麦克唐纳实现"曲别针换别墅"的梦想仅仅3个月，10月15日，一位叫艾晴晴的女孩在网上高调地宣布，她要在100天的时间里，用别针换到一幢别墅，"创造一个中国版的美丽童话"。

　　麦克唐纳是在网上以守株待兔的方式被动地等待交换，艾晴晴则不然，她选择在现实中主动出击，期望用100天来实现自己这个大胆的计划。艾晴晴说："我打算把所有的过程都在当天发到网上来，希望网友们多帮我出主意，想办法，一幢别墅对我的诱惑实在太大了。"对于不乏新鲜事的互联网来说，艾晴晴的"白日梦"举动仍然引发了强烈关注，她图文并茂的换物经过在博客上一经贴出，一个月内访问量便逼近了200万。对于艾晴晴的举动，网友中质疑不断、表示不解的有之，极力反对甚至出言不逊的有之，大力支持叫好的有之，出谋划策以至直接提出物物交换的有之。当然，质疑曲别针换别墅的故事是某些团体或个人的炒作行为的也大有人在。

　　无论网民们如何反应，总之物物交换已经开始：

　　2006年10月15日，别针—路人照片—玉佛挂件—手机；

2006年10月22日，手机—珍珠项链—数码相机；

2006年10月25日，数码相机—邮票小全张；

2006年10月31日，邮票小全张—2瓶五粮液酒；

2006年11月18日，五粮液酒—琵琶；

2006年11月27日，琵琶—琵琶CD；

2006年11月29日，琵琶CD—温碧霞的女用装饰镜；

2006年12月9日，女用装饰镜—美国原装海报；

2006年12月30日，海报—《高丽大藏经》；

2007年1月8日，《高丽大藏经》—《别针换别墅—艾晴晴画传》图书出版权；

2007年1月14日，图书出版权—恒昌珠宝价格为128 000元的一只翡翠手镯；

2007年1月17日，翡翠手镯—价值22万的平西王府的一天居住权；

2007年1月23日，翡翠手镯—广州美美音像有限公司的签约协议书。

网络上一直流传着这样一个小道消息：

2006年早些时候，一个网络推手找到天娱公司，希望借助一个超女，运作一起网络事件，但是被天娱公司拒绝。当时，"超级女声"火暴一时，至今在娱乐圈中依旧赫赫有名的尚雯婕、谭维维、刘力扬、艾梦萌、厉娜和许飞就是当年的前六名。被拒的这个网络推手气愤之下扬言："既然你们小瞧我们的实力，那么我们就要找一个落选的超女，把她包装成一个比超女还火的人！"

被选中的人便是王晓光，这是她的原名，她在当年的选拔赛中仅仅获得杭州20强。恰巧在那不久，麦克唐纳"曲别针换别墅"的童话故事从大西洋彼岸传来，网络推手便以此作为模板，打造中国版的童话故事，事件随即开始运作。首先我们给她取了一个"艾晴晴"的艺名，除了便于人们记忆以外，"艾晴晴"以"A"字母开头，便于搜索排名。

对于这个"传说"，还有网络不计其数的所谓"秘闻"和揣测，在此我都不做置评。我更乐意称之为一次有计划、有目的的网络营销案例，我们就事论事，谈谈从网络营销的角度出发，如何实施精细化管理。

## 一、把复杂的事情简单化

把复杂的问题简单化，这就是一个精细化的过程。常言道，大道至简。简单就是核心，简单就是力量，简单就是高效。任何人做任何事，必然是一件一件地去做，一项一项地完成，最后才能赢得整个成功或者胜利。企业管理似乎总是纷繁复杂，甚至一个部门的事务就足以令人头昏脑涨。其实从精细化管理的角度来说，完全不必太复杂化，尤其是对中小企业和成长型企业而言，使事情保持简单是发展的要旨。让管理回归简单，把复杂的问题简单化，这是步步为营地走向目的地的最好方式。

在"别针换别墅"过程中，乍想一枚别针摇身一变成为一栋别墅，让人简直有异想天开或者白日做梦般的愕然。但是我们将整个事件细分，将一个复杂的过程简单化后发现，其实无非就是"以小博大"，以价值小的物件逐步换取价值大的物件，每次交换之后物件价值增大一些，最终将能实现预定的目标。换言之，无非就是多交换几次而已。

说到这一点，网上有一位热心的网友从数学的角度在理论上对此进行了一次论证。论证方法现摘抄如下：

假设命题1：MM（即艾晴晴）每一次交换均增值。

假设命题2：MM目的能够达到。

由上面两个命题可以看到，命题1蕴涵命题2，所以我们先证明命题1：

假设，$I$为财产初始值，$N$为交换次数，$Pi \in \{P1, P2, P3\cdots, Pn\}$为第$i$次交换的财产增值，$Sn$为这位MM手上的第$n$次交换后的财产总数。则

当$N = 0$时

$S0 = I > 0$

假设当$N = n$时结论成立，即

$Sn = I + \sum Pi$（$i$从1到$n$）$> Sm$（$m=n-1$）

那么当$N = n+1$时

$Sq = I + \sum Pi$（$i$从1到$n + 1$）（$q = n + 1$）

$= Sn + Pq$

可以看到，如果$Pq > 0$则$Sq > Sn$，那么命题1就成立了。

所以现在问题转到证明$Pq > 0$上。

从概率论的角度来分析，假设其他人与MM交换的概率是随机的，并且每一次交换是独立的，所以$Pi$服从标准正态分布$N$（0，1）。但是MM与其他人交换的概率并不是随机的，它受到其他人与MM交换的概率分布和MM自身的影响，每一次MM与其他人交换的事件都会经过MM过滤（filter），正态分布$N$（0，1）曲线的左半部分被过滤掉，所以$Pq$严格大于零。

所以命题1成立。

现在证明命题2：

由上面可知：$Sn = I + \sum Pi$（$i$从1~$n$）

显然当$n \rightarrow +\infty$时，$\lim Sn = I + \lim \sum Pi = +\infty$

而一个别墅的价值是有限值，所以命题2成立。

至此可证明命题2成立，由上面的证明可以看出，从理论上说，MM不仅可以换到别墅，连宇宙都可以换到。

这位名曰"残阳东升"的新浪博主实在太有才了，我几乎全文摘抄了他的数学证明，在此表示由衷的敬意和谢意。不过，这位叫"残阳东升"的朋友至少从理论角度证实了"别针换别墅"的可能性，其证明同时也将过程细化、简单化了。别看这个证明很专业、很复杂，实质上正是精细化的一个象征。

## 二、把简单的事情流程化

把简单的事情流程化，就是在精细管理的基础上精确实施。每个企业都有自己的规章制度和行为规范，每个部门都有自己的工作系统和工作流程，让每个部门和每位员工都按照制度、规范、系统和流程工作，让每一项工作都落实到某个具体的人，那么即便是再复杂的工作，也能集结众人之力而走向成功。企业就像一台由千千万万个零部件组成的大机器，而每个员工就是其中一个又一个小零件，当每个零件都正常地发挥其功用时，那么整台机器便能正常运转，从而不断地创造业绩。把简单的事情流程化，就是要每一项工作，哪怕是最容易的环节，也不会被忽视，不会被遗忘，从而得以循序渐进地开展所有工作。

在"别针换别墅"过程中，虽然我们不知道下一步该与谁交换，将会与对方交换什么，但是我们把整个过程分解为若干次交换之后，我们便清楚了自己的"工作流程"——走出去，让流程化体现在一次又一次的物物交换中。当然，其中几项细则是不能违背的：一是必须发生在现实中，二是必须物物交换，三是必须呈价值递增状态。前两点不再赘述，第三点从上文的交换目录中可见一斑，其实这是"别针换别墅"必须要坚守的，只有这样流程化才具有现实意义。否则，"残阳东升"朋友的数学公式怕是要加点备注了。

## 三、把流程化的事情定量化

流程化之后，企业管理将面临一个定量化的问题，简而言之，就是一个如何才能保质保量地完成预期任务的问题。生产需要成本，销售需要成本，企业的一切行为都会涉及成本问题。如何在成本的基础上取得更大的效益，从而实现盈利的目标（且不论追求什么高利润了），那就只能诉诸一定的生产效率。如何保证生产效率？只能将工作定量化。打个比方说，一家民营图书公司每年的各项成本是1000万元，如果每出版一本书能盈利5万元，那么要想不亏本，至少要出版200本书。而要实现20%的盈利，那么自然就必须保证240本书的出版。再量化到每个编辑的身上，我们假设这家公司有10个编辑，那么要想实现20%的盈利，每位编辑一年要完成24本书的工作量，再细化到每个月，就是每人至少完成两本书的工作量。

这就是定量化。

在"别针换别墅"过程中，同样设计定量化的问题。细心的读者或许已经发现，麦克唐纳经过16次交换之后实现了预期目标，"别针换别墅"整个过程也是16次（且不论是否当真换得别墅）。我们在设计这一事件时，便考虑到了这个问题，那么具体到实际交换中，每一次交换换得的物件价值必定比原物要贵重若干倍，如此经过十余次放大之后，才可能换到别墅。虽然最终未能像麦克唐纳一样以换得别墅而圆满结束；但是"把流程化的事情定量化"的理念一直都在我们心中。

## 四、把定量的事情习惯化

当一个企业解决了简单化、流程化和定量化三个问题之后，那么最后需要做的就是把定量的事情习惯化。这一点更多地体现在员工的具体工作中。所谓习惯化，从形态学的角度来解释，就是当刺激连续或重复发生时，动物行为的频次与强度所发生的持久性衰减甚至消失的过程。而从员工的角度来讲，就是他们在经历了简单化、流程化和定量化之后，对于自己掌控内的任何工作都不再因为非比寻常而感到惊诧，或者因为难以完成而懊恼，而是认为一切都是司空见惯的，或是理所应当的。只有在这时，员工才能发挥出极大的积极性和主动性，把工作做得更好，让业绩更出色。

在"别针换别墅"过程中，我们这个网络营销的团队显然不比一个企业或者公司的经营状态和业绩指标。不过，团队中每个人都是独当一面的人物，仅仅数人便将这一事件炒得沸沸扬扬，这本身就是团队成员习惯化的一个突出表现。

上述四个方面其实正是精细化管理的方法论。也许这一方法论在"别针换别墅"整个过程中体现得并非特别突出，但是对于企业而言，此方法论正是企业扎扎实实地发展壮大的金科玉律之一。

"别针换别墅"——中国式童话是如何诞生的？我们现在可以回答这个问题了，是在网络营销中实现的。而在网络营销中，把复杂的事情简单化，把简单的事情流程化，把流程化的事情定量化，把定量的事情习惯化，这是走向成功的必需。或许有读者会说：你们最终并没有实现换得别墅的既定目标啊！其实，别墅到最后已经不再重要，重要的是，一个事前默默无闻的王晓光，短短几个月后便成为人所共知的艾晴晴，这还不能说明网络营销的魅力吗？

再回到企业网络营销上来吧。

当前，随着互联网的极速发展，它已经全面渗透到企业运营和个人生活中，网络营销正逐渐为越来越多的企业所认识与采用。但是对于广大企业管理者而言，网络营销毕竟还是一种很新型的营销手段，企业在实施过程中难免出现诸多认知误区。这些误区造成投入与产出的效果不尽如人意，让原本满怀信心和希望的企业管理者备受打击，这一点或多或少地影响了网络营销的发展，虽然它是当代最有发展前景的营销手段。所以，我们有必要消除以下误区。

误区一：自建网站便能帮助企业赚钱。

这句话只对了一半，因为很多人把这句话理解成"有了自己的网站就一定能够赚钱"。企业自建网站自然是好事一桩，它代表企业走出了开展网络营销的第一步，有了网站，企业便可通过互联网展示产品、展示服务。但问题在于，茫茫网海中，如何让网站为人所知？如何通过网站建立自己的品牌？如何让更多的人了解产品和服务？这些才是网络营销真正要解决的核心问题，然而最为核心的问题恰恰为大家所漠视。

误区二：网络营销就是网上广告。

同第一个误区一样，这句话也只对了一半。实际上，投放网站广告只是网络营销体系中网络推广的一种方式，而不是网络营销的全部。成功的网络营销，并非仅仅一两次网络推广，而是集品牌策划、广告设计、IT技术、销售管理和市场营销等于一身的新型销售体系。作为企业管理者，不仅要认识到这一点，而且在开展每一次营销之前，必须有完整周详的策划，并予以准确有效地实施，只有这样才能赢得期待的效果。

误区三：中小企业没有实力做网络营销。

这句话可谓大错特错。恰恰相反，中小企业完全有实力做网络营销，而且可以与任何大型企业一样做得很好。关键就在于是否有网络营销的意识，以及能否培养出一个富有创造力的团队。因为相对于传统的营销途径来说，

网络营销用人最少，只需三五人便可成为一个团队，因此成本也更为低廉。

对于任何一个企业而言，只要能正确认识上述三个误区，并能将简单化、流程化、定量化和习惯化灵活运用于企业管理，尤其是运用于网络营销管理中去，一定可以在网络营销方面取得骄人的成绩。不信，你就试试看吧！

# 最美清洁工
## ——最"美"的到底是谁?

2012年4月25日至5月2日,2012(第十二届)北京国际汽车展览会于北京中国国际展览中心(天竺)新馆及中国国际展览中心(静安庄)同期举行。北京国际汽车展览会(Auto China)两年一届,定期举办,从1990年开始以来,已经举办了十一届。前几届规模有限,影响不大,但是自2008年第十届以来,展会规模不断扩大,参展厂商逐届增加,参展展品不断更新,影响日益广泛,是中外汽车业界在中国的重要展示活动。北京车展的影响力、国际化水平、展品品质、展台装饰等方面都迈上了一个新台阶,可以与世界上任何一个汽车展览会比肩。

对于爱车、玩车一族而言,北京车展是两年一度的盛会;对于有购车计划的广大民众而言,北京车展是搜索合适好车、开阔自己眼界的最好机会。但对于大部分普通人而言,北京车展有多少分量,又有多少吸引力,那就要打个问号了。2012年最新车展如此,前几届车展更是如此。然而对广大网民来说,大部分人一定记得2008年第十届北京车展。为什么呢?

2008年4月20日,以"梦想·和谐·新境界"为主题的第十届北京车展在北京中国国际展览中心新馆举行。此前,北京车展在民众中的知名度尚且有限,未能在社会各界引起强烈关注。为了吸引更多目光和眼球,把北京车展塑造为国内顶级、外国知名的车展品牌,这一届的车展组委会绞尽脑汁,想尽办法。为此，他们不仅广邀世界各地著名汽车生产商参展，而且在硬件设施和软件配备上都下足了工夫。耀目的车型，靓丽的车模，多彩的活动，都是为了一个目标而去。然而两三日过去了，无论是主流媒体还是网络媒体，对于北京车展的关注依旧尔尔。直到4月23日，事态突然有了翻天覆地的变化，几乎在一夜之间，全中国都知道了北京车展，因为在这一届车展上，一个被人们称之为"最美清洁工"的红衣妹妹让无数网友为之震撼！

2008年4月23日，在国产车的展区内，一位参观者正端着相机拍摄花枝招展的模特们，拍完之后，他在相机里回看照片时，忽然被背景中的一抹红色所吸引。他立刻端着相机再次冲了上去——模特们再次露出洁白整齐的牙齿，美丽的笑容足以让人驻足，然而他却把镜头一转，焦点对准了模特身后一个穿着红色工作服的清洁工！

这个大约20岁的小姑娘背影有些瘦弱，让人怀疑她是否有些营养不良。她是附近农家的孩子？是北京某学校勤工俭学的学生？还是某个家政公司的工人？其实这个女孩生得亭亭玉立，只因那身工作服太显宽大，遮掩了她原本姣好的体形。参观者拍摄她的时候，她正在给一辆参展的新车轮胎抛光，她在专心致志地工作时眉宇之间流露出淡淡的忧伤，这种少女的忧伤能软化任何一个铁石心肠的人，让人油然而生怜爱之感。在发现有人拍摄自己的时候，她竟然露出了淡淡的微笑，还带着一丝少女的羞涩，那种清新脱俗的美丽，比在场任何一名魅力四射的模特更加令人念念不忘。

这个女孩名叫于洋，仅仅一日之后，当那位参观者将他拍摄到的照片悉数贴到网易论坛，开辟了一个叫"北京车展最美女清洁工"的帖子后，受到广大网友的热烈回应，截至2008年5月5日，共计浏览量过百万，回复达到了8 000左右，网友们从不同的角度和层次，抒发了各自的见解和想法。网友的看法汇总后有以下几点：一是去雕饰存质朴，美于自然；二是眉宇间那淡淡的忧愁令人怜惜；三是文静有内在气质；四是美女能自食其力，在当今社会实在是难得。于洋因此被人称之为"最美的清洁工"，她一夜之间扬名网络。期间主流媒体也积极跟进，全中国的人民都注意到北京车展曾出现一个美丽的清洁女工，就此也知道了北京车展。

故事到此似乎有了一个完美的结局，然而峰回路转。5月初，搜狐社区有网友爆料，于洋并非真正的清洁工，她是就读于北京某艺校大二的学生，并且在吴宇森执导的大戏《赤壁》中饰演过一个角色。

有人认为于洋在自我炒作，有人怀疑这是《赤壁》公映前的一大炒作（当时《赤壁》即将上映），还有人敏锐地觉察到背后似乎还有更多不为人知的秘闻。

回到2012年，如今在百度里搜索，甚至找不到任何于洋本人的资料（同名同姓的倒是有一些），可见她自我炒作的可能性几乎为零。于洋确曾在《赤壁》中扮演过角色，然而只是出演一个连一句台词都没有的小角色，如果说通过她来炒作《赤壁》，未免太侮辱《赤壁》剧组的智慧了。那么，真相究竟是什么呢？

请在百度中搜索"北京车展"，你能找到400多万个结果。如果输入关键字"北京车展 于洋"，能得到将近9万个链接。由此可见，于洋早已为人们遗忘，如今唯一能让人记住的仅仅是北京车展。至此，大家应该都明白过来了，在最美清洁工的背后，最"美"的不是于洋，而是北京车展。

那么，下面我们就从精细化管理的角度来分析一下这一网络营销的经典案例吧，读者朋友们或许能够对此经典案例如何精细实施有更为立体的认识。

## 一、职能管理是前提

企业在开展网络营销之前，有必要了解和把握网络营销究竟有哪些职能。网络营销的职能是对网络营销内容和作用的概括，作为实践导向的网络营销内容体系，具有非常重要的指导意义。只有了解并把握网络营销的职能，才能全面而细致地开展网络营销，充分协调和发挥各种职能的作用，使得网络营销的整体效益得到最大化。

网络营销的基本职能主要包括八个方面的内容：网络品牌、网站推广、信息发布、销售促进、网上销售、顾客服务、顾客关系、网络调研。

下面我们简单地说说这8个方面。

①网络品牌。网络营销的主要任务之一就是在互联网上建立并推广企业或者机构的品牌，并使其网下品牌在网上得以延伸和拓展。

图6-4是品牌全网传播策略图：

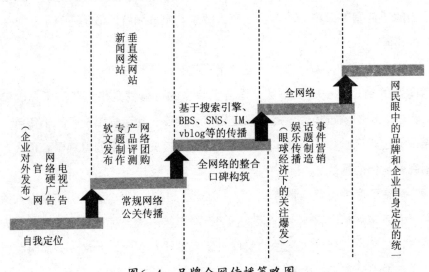

图6-4　品牌全网传播策略图

②网站推广。网站推广是网络营销最基本的职能之一，是网络营销的基础工作。要想获得网络营销的成功，获得必要的访问量是基础，尤其对于中小企业而言更是如此。

③信息发布。信息发布是网络营销的基本职能之一。企业不仅可以将信息发布在自己的网站上，还可以利用各种网络营销工具和网络服务商的信息发布渠道向更大更广的范围内传播信息。

④销售促进。网络营销与市场营销的基本目的是一样的，那就是为最终增加销售提供支持。各种网络营销方法大都直接或间接具有促进销售的效果，另外还有一些具有针对性的网上促销手段。

⑤网上销售。网上销售是企业销售渠道在网上的延伸，大型企业有实力开展网上销售，中小企业同样可以拥有适合自己需要的在线销售渠道。

⑥顾客服务。在线顾客服务是网络营销的基本组成内容，具有效率高、成本低的优点，在提高顾客服务水平方面具有重要作用，而且还能直接影响

网络营销的效果。

⑦顾客关系。无论是过去、现在还是将来，以顾客关系为核心的营销方式是企业创造和保持竞争优势的重要策略，网络营销为建立顾客关系、提高顾客满意度和顾客忠诚度提供了更为有效的手段。

⑧网络调研。合理地利用网上市场调研手段对于市场营销策略具有重要价值，因为它不仅能为制定网络营销策略提供支持，也是整个市场研究活动的辅助手段之一。

总之，网络营销上述八个职能之间相互联系、相互促进，网络营销的最终效果是各项职能共同作用的结果。

关于网络营销的职能，我们早已谙熟于心。在北京车展开始之前，我们早已对这八个方面的职能内容进行了细致入微的考量和分析。我们推广的品牌就是"北京车展"，我们通过网易论坛对之进行推广，最终让信息通过网络和主流媒体引发大众的关注。做到了这三点，其他五点职能便是水到渠成之事了。

## 二、网络调研是基础

所谓网络调研，就是指利用Internet技术进行调研的一种方法。网络调研大多应用于企业内部管理、商品行销、广告和业务推广等商业活动中。开展网络营销之前，有必要进行一次网络调研。

相比传统的调研，网络调研有以下优势：一是互联网没有时空、地域的限制，因此信息收集的广泛性是传统方式无法想象的；二是在数字化飞速发展的今天，网络调研的及时性和共享性较好地解决了传统调研方法的弊端；三是便捷性和经济性非比寻常，无论是调查者还是被调查者，只需一台计算机、一根网线就可以进行对接，从而能够大大减少企业市场调研的人力和物力，降低调研成本；四是网络调研比较客观真实，能够反映市场的历史和现状，因此调研结果有较强的准确性。

当前，网络调研采用的方法主要有E-mail法、Web站点法、Net-meeting

法、视讯会议法、焦点团体座谈法、Internet phone法、OICQ网络寻呼机法等。另外，在聊天室选择网民进行调查，在BBS电子公告牌上发布调查信息，或采取IRC网络实时交谈等也是不错的方式。

在进行网络调研之前，必须明确此次网络调研的目的，最大限度地发挥网络调研的商业价值，因此需注意以下关键事项：①了解市场需求；②制定网络调研提纲；③寻找竞争对手；④适当的激励措施；⑤数量调研与质量调研相结合。

网络调研的策略也不能忽视，要注意以下几点。

①通过电子邮件或来客登记簿获得市场信息。电子邮件和来客登记簿是互联网上企业与顾客交流的重要工具和手段。

②科学地设计网络调研问卷。一个成功的网络调查问卷必然具备以下两项功能：一是能够通过网络将调查的问题明确无误地传达给所有访问者；二是能够赢得对方的合作，使访问者真实、准确地回复。

③提高被调查者积极性的技巧。可以采用以下几种方法：一是给访问者一定的奖励以激发其参与调研的积极性；二是给访问者安全的保证；三是强调调研的重要性；四是在网络上建立情感的纽带。

在2008年北京车展之前，我们深入地进行了一次网络调研，结果发现，当时的普通老百姓因为经济原因没有过多关注车展，而主流媒体要考虑读者群的因素，因此对于车展的报道自然有所控制。综观那几年的网络事件和红人，似乎总离不开美女，无论是清纯还是性感，总能俘获网民和媒体的眼球。至此，网民的网络调研工作圆满结束，下面进入方案设计环节。

# 三、营销方案是核心

精细化网络营销的核心便是营销方案。没有一个成熟而成功的方案，即意味着网络营销必然会以失败而收场，或者完全脱离控制而失去营销的本意。对于一个企业而言，经过多年管理实践，在对调研的基础上完全可以为自己量身定做一套精细化网络营销的管理方案。

网络营销方案的定义，目前较为权威的解释是：具有电子商务网络营销的专业知识，可以为传统企业或网络企业提供网络项目策划咨询、网络营销策略方法、电子商务实施步骤等服务建议和方案，或代为施行以求达到预期目的进行的一种网络商务活动的计划书。

抛开上述复杂的定义，简而言之，网络营销方案就是指企业、组织、政府部门或机关、个人在以网络为工具的系统性的经营活动之前，根据自身的需求和目标定制的个性化的高性价比的实施方案与计划。

当前，网络营销主要有以下几种类型：

销售型（目标主要是为企业拓宽网络销售，如北京图书大厦）、服务型（目标主要是为顾客提供网上联机服务，如大部分信息技术型公司）、品牌型（目标主要是在网上建立企业的品牌形象，如企业站点）、提升型（目标主要是通过网络营销替代传统营销手段，如海尔、戴尔）和混合型（目标力图同时达到上面目标中的若干种，如亚马逊）。根据不同的营销类型及其主要目标，网络营销方案会有所不同，但是主要内容不外乎以下几方面：

①整体规划。就是根据客户（或企业自己）的行业特点、企业特点、产品特点及竞争对手的特点提出企业的整体网络营销规划和实施步骤说明书。

②网站建设规划。即针对吸引与留住客户（或企业自己）访问的网站规划，具体涉及网站的色彩、布局、功能、服务等各方面。

③网站建设监理。即聘用第三方监督机构负责对网站建设实施开发语言、数据库选择及设计思路、页面布局、内容规划、功能实现等工作流程进行全方位跟踪监督。

④网站诊断优化。即聘请或者安排一个网络营销方面的顾问，为企业在开展网络应用方面出现的症状进行诊断，定期发布网站诊断报告，提供改进建议和方案。

⑤网站流量提升。即安排一个专门人才，通过各种方法，对症下药地提高网站的流量。

⑥网站运营顾问。即安排一个专门人才，解决网站运营中遇到的问题，确立本网站的优势等。

⑦企业博客营销规划。即安排专门人才，充分利用企业博客提升企业的公共关系水平，为推广企业博客提供全方位的规划服务和实施服务。

在2008年北京车展之前，我们及时准确地完成了网络调研，在此基础上决定继续以美女作为引子，对整个事件作出了规划方案。那就是先安排于洋"混"进车展，作为一个普通的清洁女工出现，再以一名普通摄影者的身份"发现"了她，进而将其照片发布到网上，配以极具煽动性的话语赢得网友的关注，其他细节则在幕后有专门的负责人紧锣密鼓地进行。

## 四、全面细化是根本

精细化网络营销，根本就在于精细，就在于把方案中的每一项计划都细化到人，责任到人。其实，精细化管理是一个全面化的管理模式。

①精细化的操作。对企业而言，精细化的操作就是指企业活动中的每一种行为都有一定的规范和要求。从网络营销的角度来说，就是在实施过程中每一步都要严格按照预定计划执行。

②精细化的控制。对企业而言，精细化的控制就是运作要有一个流程，要有计划、审核、执行和回顾的过程。从网络营销的角度来说，就是控制好整个过程，让每一步都能落到实处。

③精细化的核算。对企业而言，精细化的核算就是清楚认识自己经营情况的必要条件和最主要的手段。从网络营销的角度来说，就是一个在控制成本的基础上如何放大网络效应的过程。

④精细化的分析。对企业而言，精细化的分析就是将经营中的问题从多个角度去展现和从多个层次去跟踪，同时研究提高企业生产力和利润的方法。从网络营销的角度来说，就是分析实施过程中的当前形势和发展态势，为取得优异的成果而努力。

⑤精细化的规划。对企业而言，精细化的规划是指企业所制定的目标和计划都是有依据的、具可操作性的、合理的和可检查的。从网络营销的角度来说，就是都不打无把握之仗，要尽一切可能实现预定的营销目标。

在"最美清洁工"的案例中，我们最终实现了既定的营销目标，而这一目标的实现离不开团队上下的齐心协力，离不开每一个队员的努力奋斗，更离不开精细化管理在其中发挥的中坚作用。

网络营销注重实际操作技能，又注重逻辑分析能力和创新能力。它要求网络营销人员必须面面俱到，精益求精，不仅有Web方面的技术如网站维护、网站优化等，又要求有市场营销方面的知识以分析用户需求、制定市场策略。而这些要求本身，又可以继续分解细化，从而构成了一个完整无缺而又细致入微的关系网络。精细管理则体现在每一项方案中、每一步实施中、每一次操作中。

# 一个真实的我

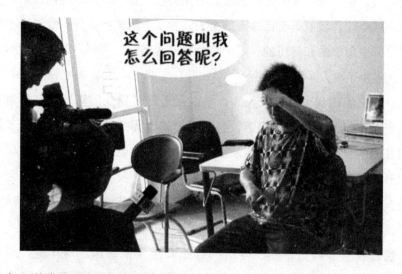

有人说我是著名的网络推手！

还有人说我是出色的经纪人、策划师！

也有人说我是网络神话的缔造者！

众说纷纭，褒贬皆有。

那么我到底是一个什么样的人呢？

其实我就是个"烂脑壳"。我就是这么一针见血地说我自己的，别吓着你哈。很多人无法理解这个"烂"字，其实在成都话的特殊语境里，说某人"烂脑壳"，就是称赞这个人聪明灵活、剑走偏锋、不按常规出牌的意思。

我也是个"狂人"，认识我的人和在媒体上见过我的人，都觉得我是个非常张狂的人，有些网友说说过，你看老浪现在狂得连尾巴都翘上天了！我听着非但不生气，心里还在想"其实哥从来尾巴都翘在天上的"。不是有古诗说什么"我本楚狂人"吗？生活在农耕社会的古人都能狂，我们这些生活在日新月异的网络时代的潮人，有啥不能狂的呢？生性狂傲，这不是个贬义词，相反，我觉得这是对我最高的褒奖。你想想，在当今个性张扬的网络时代里，你低调得平庸无奇，又怎么能脱颖而出呢？怎么能够搞好前卫的网络营销呢？

当然，狂也得掂量掂量自己有几斤重！我狂，是因为我有狂的资本，有狂的勇气，这个世界没有任何力量能够阻碍我们借助互联网走向成功。因为我从小就认定，我就是自己命运的主人，除了万能的神以外，我谁也不信，更不信那些忽悠的和落伍的！"天生我材必有用"，互联网时代确实给我们每个人提供了出人头地的机会。

说起来我确实也是胸无大志，平时爱上网"摆龙门阵"、打打游戏、看看新闻，当然，更喜欢旅游，自然是走遍世界各地，游历过包括非洲、美洲在内的世界许多地方，这是我的文化生活积淀，并深刻地影响了我性格的形成。正因为这个被随时都张扬着的爱好，我将自己的网名取为"浪迹天涯何处家"，后来网络上人们嫌叫着麻烦，就给我简化成"老浪"或者"浪兄"了。

说起我的上网史，那还得从20世纪90年代末说起。那阵子，别人问我在瑞士干啥子，我就答四个字"自由职业"。其实，虽然有自己的小企业，生活也算其乐融融，但是瑞士的生活不带劲儿，文化差异大，始终融入不了当地那些个所谓主流文化圈。闲下来的时间怎么办？只有上中文网站瞎混着呗！

一开始，在中文门户网站和论坛里混。时间长了，我就成了一些社区里的骨灰级传奇人物。

还是"八一八"我的成名经历吧——2005年成功推出的"天仙妹妹"获得搜狐"2006新生代偶像冠军"，2007年推出的"非常真人"组合获得新浪"2008年网络时尚冠军"奖项，当时有此殊荣的同台领奖者可是周杰伦、张靓颖、梁朝伟、刘嘉玲、潘石屹、郭德纲等这种风云人物。我还获得过"2009德国之声世界博客大奖"、"2010搜狐互联网营销金牌奖"，因为在网络互动营销策划领域的杰出成就和众多经典案例，我还被《华盛顿邮报》、CNN、德国之声、CCTV、新浪网、光明日报、人民日报、凤凰卫视、NHK、中国企业家杂志等中外上千家媒体广泛采访和专题报道。

这么说有点跟打广告似的，但是我得再狂着给加一句广告语："我就是我，一个拥有梦想与激情，狂傲与特立独行的资深网络营销大师！"

## 不走寻常路

　　一个懂道理的人让自己去适应世界，一个不懂道理的人坚持尝试让世界去适应自己。因此所有的进展取决于这个不懂道理的人，上帝也偏爱这种不懂道理的人，历史就是这样令人啼笑皆非，无话可说。

　　只有偏执狂才能成功！

　　说起我的理想，哈哈，我可是充满男子汉的阳刚气质和热血少年的自以为是，从小我就感觉到我是军人的料，不，将军的料。为了这个理想，我还和家里闹了矛盾，在我一再坚持下终于把爸爸妈妈给我填的大学志愿，改成了当时几乎无人问津的陆军学院军事指挥专业。

　　你们肯定会说，切，你个"烂脑壳"，你这样的人适应得了部队的纪律吗？哎，你还别不信，就我这样一个调皮捣蛋鬼，也有认真的时候，而且还官运亨通，19岁的时候我就当上了人人羡慕的师直属通信连女兵排的排长。为了这，我的战友还经常嘲笑我说，众多鲜花插在了那牛粪上哦。第二年当很多同学还在排长岗位上继续摸爬滚打的时候，我已经因为工作成绩突出被提拔为机关副连级干事了。1986年，当我军最高学府——国防大学恢复正规化教学时，我又以成都军区考区第一名的优异成绩，考上了我军首批军事后勤学研究生。

我虽是个有激情的青年，但是善于反思。在部队那么多年，我发现我的确不适合在部队里多待。我不是一个一成不变的人，所以我做了个大胆的决定——转业。哈哈，好好，我承认我是有些朝秦暮楚，更喜欢新鲜的事物。

转业后，我可不想被人说成是游手好闲，反正闲着也是闲着，不如好好学习一下，怎么着也得装个"弄潮儿"，你说是不？为了证明自己是个弄潮儿，我特意大胆地选择了去瑞士弗莱堡大学攻读经济学。为什么会选择这个专业？你想想，活在那个生机勃勃的经济改革时代，不学些这方面的知识，以后怎么混呀。什么，你问我拿到毕业证了没？当然没有了。你们想想，那些枯燥的数据化、教条化生活怎么会适应我呢？

好吧，我承认我是花心。可是如果不是我花心，我不是还是个兵哥哥，哪有现在的成就呢？

你们肯定会问我，你这个"烂脑壳"，什么事情你才不半途而废呢？你别说，我还真有"痴情"的时候，你们别笑。我喜欢旅游，这个爱好一下就坚持了几十年，你们肯定要说不容易，你终于能有一个坚持的了。别这样说我，其实我只是更喜欢自由，喜欢新鲜事物的人，和你们所说的花心是有差距的好不好。再说了，世界这么大，每到一个地方，不就等于我学习了，这样算来我还是个坚持学习的人呢。有的人行万里路，有的人读万卷书，而我是行万里路，读万卷书，上万维网！

提起我的个性，我的确有些与众不同，我就是不喜欢走寻常路。比如旅游，别人去泰国总是要逛逛芭提雅、普吉岛，我却一个人跑到当时局势错综复杂的金三角腹地昆莎营盘，而且一待就是3个月；别人去埃及总是看看金字

塔，逛逛尼罗河，我却一个人开着吉普跑进北非沙漠深处探险……

也许你们会说我有病，还病得不轻。这个我承认，这也是我的特色。想想，如果一个人没有一点个性，我估计这哥们只能去做一辈子的小小办事员了。

也正是我的独特，才有了我旅游的三大特色：每年都必须出门旅游两三趟，路上所见所闻那可是活的木乃伊呀，有这么好的机会让自己变得渊博些，不去就是傻子。还有就是出门旅游必带相机，20世纪80年代初期用的是双反相机，后来使用单反相机，等到数码相机面世的时候最早用上数码傻瓜相机，如今用的一直都是佳能的数码单反相机。瞧，我是不是个时髦的人，我那装备可都是与时俱进的。这下知道我花心的好处了吧，所以说花心也未必是坏事。最后就是我每次都把自己的摄影作品和心得文字，发上论坛和网友们一起分享交流。这种网络互动式分享交流，为我后来在网络营销领域独领风骚奠定了牢固的基础。

# 做人要有追求！

21世纪最珍贵的是人才？错！错！错！21世纪最珍贵的应该是发现人才、培养人才的天才，譬如我这样的人。

有些人嘴上不说，但是不代表心里就不想，甚至有些人会在心里说：浪兄，你一个40多岁的老男人狂什么狂，还能蹦跶几天，还有什么可嚣张的？不错，我的确有些骨灰级了，但是我不觉得自己老，相反我觉得自己就是当下的"90后"。别不服气，你看我这个"90后"孩子的爸爸，不是照样叱咤风云的。有谁不服，咱们单挑。就我敏锐的思维你们谁敢叫板比我更年轻、更有创新？（老人家一般都这样自以为是，自豪还是悲哀？！）

当然，除了拥有"90后"的思维外，我还有个撒手锏，那就是有超出常人上百倍的"网感"。也许有些人会按捺不住跳出来骂，什么鬼"网感"，其实就是故弄玄虚，在那装腔作势。别急，先坐下来喝口水，听我慢慢道来。

"网感"就像音乐家有"乐感"一样，在网络的世界里你也是需要网感的。我所说的"网感"其实并不难理解，就是你要有高度敏感的网络嗅觉，要有捕捉当下热点的本领，要非常清晰地知道网友们的喜好和倾向。只有这样，你才能把网络营销工作做好。

我想上天给我这"烂脑壳"就是希望我能叱咤网络，我当然不能辜负上天赐予我的能力。仅靠这一点，我就能轻松抓住大多数网民的需求。这也就是为什么我会在千千万万个网民中脱颖而出，并且始终站在网络最前沿的重要原因。

总会有人问我成功的秘诀是什么，告诉你，记好了，就两个字："追求"！别用怀疑的目光看着我，你就是看上我10个钟头我还是会说这两个字。我虚伪，装高尚，我不否认曾经一直想装个高尚达人，但这次我说的的确是实话，没有半点忽悠你们的意思。

有句话是怎么说来着——心有多大，舞台就有多大，做人要有追求！以前我也和大家一样觉得这话太装了，简直就是站着说话不嫌腰疼，已经不太像人话了！但是真正做了名人以后才发现，这句话真是个大实话，真是这样的。想想一个人心中没有半点"追求"，那也太可怕了，活得跟行尸走肉一样，与其那样，还不如做个规规矩矩的小小办事员，还更有些存在的价值。

说起我的成功，不服我的人总是讽刺我——那有什么，那是运气，只要有运气，是个人都能成功。也有人把我的成功归结为奇迹，是个偶然。我不这样认为，我的成功与我的天赋、优秀和勤奋努力是分不开的，更是和网络时代这个社会潮流分不开的。看，又有人撇嘴，不屑的眼神也瞥了过来，可是你们谁能否认我的成功与我颇为自豪的网感以及百折不挠的进取有关？

即便是奇迹，也只会给有准备的人，如果哪天上帝也给你一个机会的话。真心希望你看完这本书后，也能像我一样，抓住机会成功上位，做时代的强者。

# 成功来自必然

上帝在打开一扇门的同时又会多开一扇窗，只可惜大多数人只推开了门，却忽视了推开窗。究其原因，不过是我们缺乏发现新事物的眼光和挑战新事物的勇气。

说起来也是有些悲催的，大家关注最多的不是我的成功，反而是我为什么会选择这个行业。好奇者为大，我就来满足一下大家的好奇心。

我一直不屑做一个小人物，就像港台电影里的小人物一样。我们也是心怀天下的，俗话说得好，是驴子是马，拉出来遛遛，可是我们一般人却连拉出来遛遛的机会都没有。为此，我发誓一定会利用新媒体这个舞台，创造出比传统媒体更星光灿烂的活剧。我这个梦想经常被人耻笑，他们说我真不知道天高地厚。不知天高地厚怎么了？恰恰就是这种不知天高地厚的勇敢精神，实现了我的"大人物"、"名人"、"弄潮儿"的梦想。

2005年8月6日的下午，精心策划后的我，貌似非常偶然地自驾车到了阿坝州旅游，车到理县的时候刚好"水箱快开锅了"，便偶然地到附近的寨子里向老乡讨水。当我停车向寨子走去的时候，突然发现一个绝美的羌族少女恰好坐在公路旁无所事事……我立刻惊呆了，小小的贫困羌寨，竟然有如此天然美丽的女子！于是试探地问："我能替你拍张照吗？"少女竟然爽快地答应了！

2005年8月7日，我从阿坝州理县回到成都后，将羌族美少女尔玛依娜的图片放到了当时人气相当火暴的TOM汽车论坛里，该帖取名《川藏自驾游，惊见天仙妹妹》。"始料不及"的是，该帖一开始就受到了广泛的关注，跟帖纷纭，有人说她"美若天仙"，拥有"原生态的美"。当然，也有细心人质疑尔玛依娜羌族身份的真实性，认为她是我从成都带去的模特。在这个"疑点"的压力下，为了维护自己的声誉，我先后五进羌寨，跟踪拍摄，公开叫嚣要把天仙妹妹打造成明星！当时没有人相信，都说我是傻瓜，很多人都问我：你有多少媒体资源？你拥有多少操作资金？你有多少专业团队？我说我都没有，我说不信就看着，过两个月肯定大火。我觉得一定能成功！因为互联网的力量，网络营销的力量，我深信不疑。果然被我说中，尔玛依娜的照片和文字在网上广泛传播，势不可当，随后，传统媒体纷纷跟进，仅中央电视台便先后11次采访我和尔玛依娜。

2005年9月，理县政府聘请尔玛依娜为该县旅游形象代言人，之后，她又代言了多个包括索尼爱立信在内的知名品牌，还担任电影《香巴拉信使》的女主角，并使该片荣获"华表奖"，在2006年搜狐"时尚新偶像"评选中，又一举击败李宇春、刘翔等风云人物，夺得当年冠军。仅1年多的时间，天仙妹妹实现的合同收入达200万元以上，也大大地提高了阿坝州的旅游知名度和美誉度，她本人也荣任了中国羌学会副会长。

之后，我由一个"小丑"一样的小人物，摇身一变成了营销策划专家，而一个全新的职业也因我而生，即《光明日报》所说的"网络推手"。

我说过，我的人生字典里只有"追求成功"几个字。那些曾经嘲笑过我的人，剩下的只有五个字：羡慕嫉妒恨！而那些曾经嘲笑过我的人，主要失误是低估了新媒体的力量。

# 请叫我"网络营销人"

　　网络就像海洋，一般的内容就像是个小石头，扔进去也不会激起骇浪。而我是在海底的石缝里放颗炸弹，炸得整个海面浪花四溅。

　　2005年，注定是不平凡的，是有重大意义的。这一年里我的名字和一个新兴的职业紧密相连。"网络推手"这个职业被冠以"浪兄制造"，也就是说，这个职业是因我而生，我能不自豪吗？想想有几个人能像我一样制造出一个新鲜事物出来？也因为这个，我被网友戏称为"网络推手教父"。

　　等一等，你竟然不知何为网络推手，你是从远古来的吗？火星人吗？

你太OUT了。这个新名词在互联网上被解释为：最开始把网络明星、网络事件、网络畅销品推出来的人或团队。这个解释我个人感觉不好，不够贴切，至少用在我身上是不够确切的。网友所说的狭义的"网络推手"在我看来充其量是"枪手"而已，也就是说，只是简单的话题制造者和具体执行者，而我做的是一系列一条龙式服务，包括话题出来后，整体的包装和推广策划等全部流程。

我敢说我有这样的优势，我通晓网络操作规则，熟谙大众接受心理，手握八方可用资源，能让一个默默无闻的普通人一夜之间红遍大江南北，也能让一个企业、一个产品迅速占领人们的心理城堡。

所以我觉得自己应该是一个网络营销大师，而不是一个简单的推手。虽然今天敢自封大师的傻瓜已经不多了，他们没有那个底气，也只有我敢说我完全对得起这个称号。

目前我的理想是将网络营销打造成为一种产业，成立中国首家以网络营销为主业的上市公司。肯定会有网友说你就继续吹吧，总有你笑不出来的时候。没事，我浪兄不是小肚鸡肠的人，你们继续怀疑和鄙视吧，没有反对的声音怎能显示出我的强大。所以说你们仍然可以继续鄙视我，继续小觑网络的力量，等我成功后，你们就会后悔和内疚。既然你们愿意这样，我有什么好说的呢。

网络营销本身就是一种创造性活动，是一场精彩绝伦的演出，我们每一个人在网络时代里，天生就是一个演员。想从事我这样的行业，你先看看自己有没有像我一样卓越的想象力和创造力，加上彪悍的执行力，如果没有，也不要紧，多多学习，多多思考，多多实践，怀抱梦想，认真追求，有一天，你一定会超过我的，必需的！君不见"长江后浪推前浪，前浪再来推老浪，老浪必死沙滩上"吗？让我们一起努力吧，网络营销的未来是属于你们的，当然也是属于我们的，但归根结底，还是属于你们的！

# 浪兄经典培训课程

## 课程内容

▶ 网络营销

▶ 精细化网络营销及实战技巧

## 实战案例

网络造星——"天仙妹妹"

网络互动新概念——"非常真人"

典型营销事件——"别针换别墅"

突发事件植入——"封杀王老吉"

娱乐营销——"最美的清洁工"

 接受课程预定

请与博士德联络：

陈旖光老师　010-68487630-215　　13521352981
赵　敏老师　010-68487630-217　　15901445052
张金霞老师　010-68487630-208　　13911741711
王　思老师　010-68479152　　　　13466691261

☞ 请登陆：

**中国精细化管理网：**

www.jxhgl.com

| | |
|---|---|
| 精细化管理培训 | 精细化管理咨询 |
| 精细化网络营销 | 经济转型产业升级 |
| 国际流动课程 | 日中中小企业对接 |

**中国执行力培训网：**

www.Chinazxl.com

| | |
|---|---|
| 解放总裁 | 企业执行力 |
| 政府执行力 | 团队执行力 |
| 团队执行力咨询 | 执行力图书光盘 |

**新浪微博：**

http://weibo.com/boshideliliang

欢迎老师加盟

# 《车间精细化管理》

**北京理工大学出版社　　作者：刘寿红　　定价：32.00元**

## 编辑推荐：

　　本书主要从改善制度和提高管理水平两个方面，讲如何做到车间精细化管理。车间精细化管理是精细化管理的一个分支，其目的就是摒弃一些过去很先进、今天很落后的简单粗糙的岗位职责，消除岗位与岗位之间衔接的无序与浪费，精简车间的流程，让每一个工作岗位在车间制度的统帅下高效化。做到了上述几点，就可以将车间管理更好地制度化。

　　除此之外，车间领导的管理也关系到员工的工作效率。在本书的最后三章，用了很多笔墨着重讲解了更好地和员工沟通的方法和途径。将车间管理精细化，就是将硬性的制度与人性化的管理融合在一起，当二者双管齐下时，车间的工作效率一定会大幅度提升。

# 《精细化管理三定律》

北京理工大学出版社　　作者：龚其国　　定价：32.00元

## 编辑推荐：

精细化管理在中国已经受到广泛的重视，本书提出精细化管理的三个基本定律，建立了精细化管理的理论基础，并运用大量案例阐述了三个基本规律的应用。

三个定律构成了精细化管理的三个层级：程序律——给手工操作过程编制像机器操作一样的程序，并制定标准，使员工严格按程序执行；流程律——减少流程变动，提高流程效率；乌龟律——流程上频繁的小变动比不频繁的大变动效率高。

这三个层级逐级进阶，可帮助企业理解卓越管理的本质规律，建立高效的管理体系。

本书的资料都来自于公开的渠道，很多案例为广大读者所熟悉，本书的目的在于用科学的思维和方法来分析这些案例，向读者介绍精细化管理的基本逻辑：规律决定效率。

北京理工大学出版社
BEIJING INSTITUTE OF TECHNOLOGY PRESS

## 理工经管·品牌保证

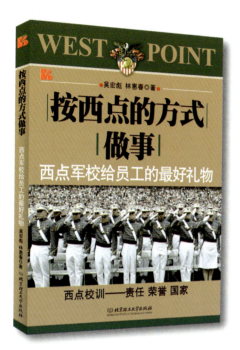

作者：吴宏彪　林惠春
定价：29.80元

### 内容简介

　　美国西点军校闻名世界，两百多年来培育出众多的杰出人物，其核心精神值得我们深思和学习。公司员工需要学习西点的什么精神？本书深度挖掘西点军校做事的核心精神，令人受益匪浅。

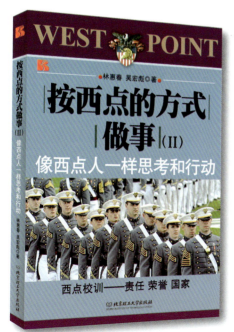

作者：林惠春　吴宏彪
定价：36.00元

### 内容简介

　　西点军校培养的是克服困难的激情与毅力、不屈不挠的斗志、善于合作的团队精神、服从大局的责任意识和牺牲精神等。本书将为您一一呈现这些作为优秀管理者和员工所应该具备的综合素质。

作者：刘寿红
定价：29.80元

内容简介

　　本书明确地指出了员工如何树立正确的工作理念，以及如何磨炼自己的方法，即把工作看作是积极自我修炼、完善与积累的一个过程，因为只有修炼好"内功"，并善于抓住合适的机会，成功才能水到渠成。

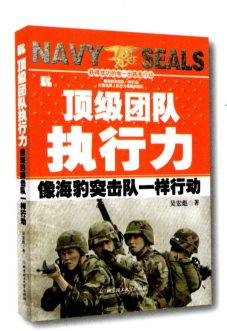

作者：吴宏彪
定价：29.80元

内容简介

　　美国海豹突击队是具有顶级高效执行力的团队。本书以美国海豹突击队作为引子，联系古今中外一些著名团队的成功案例，来说明高效执行力对于一个组织、一个企业、一个军队、一个国家所起的重大作用，并给管理者以启示。

 www.bitpress.com.cn

发行部：李　征　010-68944437　13911330610
销售部：张　萌　010-68944453　13511064130